中国はどこへ向かうのか
国際関係から読み解く

毛里和子［編著］

◎目次

問題提起

「外から見た中国」にどうアプローチするか？

コーディネーター　毛里和子

はじめに

皆さん、こんにちは。私は、夫の父親の出身が九州の日田というすごく暑いところです。きょうの最高気温なんていうと、全国で日田三八度とかよく言われるところです。毛里のほうの里なんですが、私（加藤）のほうの里は久留米なんです。何せ結婚しようというときに、すぐには許してくれないですから、これはもう九州でいく以外にないと思って。日田と熊本、父親は熊本出身、五高（第五高等学校）出身だったんです。毛里の父親も五高です。とにかく九州と言えば、信用し喜びますから、九州の人だから大丈夫よというふうに親を説得して、以来いままで五〇数年続いて参りました。

というわけで、九州とは何というか、親しい感情を非常に強く持っているところです。おまけに、先ほどご紹介いただいた「福岡アジア文化賞学術研究賞」というのを頂戴しまして、それが二〇一〇年だったということです。だいぶ前なのですが、大変名誉なことでした。しかも、福岡という街、市がこういうような大きな賞をずっと続けていらっしゃるというのは、大変なご努力だと思います。アジアというところに目をつけて現在も続けていらっしゃることを大変うれしく思いますし、私も名誉に思います。これからもどんどん続けていただきたいと思います。

ついては、わが家の家宝は福岡アジア文化賞で戴いた博多人形なんです。福岡の有名な武吉国明さんとおっしゃる作家の手で作られた博多人形を頂戴して、いまも居間に飾ってあります。福岡は大変に思い出多いところです。

きょうは中国という大変厄介な対象を全体、グローバルに議論しないといけないという、大変なお仕事なのですが、何とか二時間、三時間乗り切ろうと思っています。

それで、要するに中国が非常に大きくなって、何だか怖い、何かよく分からないけれども何をやらかすか分からないというような不気味感が漂う。しかし、日本人の中国観の中には、中国に対する一定の文化的な敬意というものはあるわけです。ですから、非常に複雑な対中認識感情を持ちながら、いまの非常に大きくなった、怖くなった中国に接している訳です。そういう中で、われわれはどうしたらいいんだろう。特に中国研究者の仕事は大変注意深くやる必要が出てきました。何に注意しなければいけないかというと、中国脅威論をあおり立てないこと。中国脅威論をあおり立てることによって、日中関係は極端に悪くなります。だから、冷静な穏やかな対中認識というものを皆さんに伝えていくというのが、私の仕事ではないかなと思うわけです。

本日はそれに少しでもお役に立てればいい。ただ、問題は難しいので、できるだけ簡単に概略をお話をしていきたいと思います。

中国をめぐる問題の現在

中国が特殊に問題となるのは何故なのでしょう。例えばイタリアを研究していても、イタリア研究者はあまり困らないんです。イタリアとは何ぞや、イタリアとどう付き合ったら日本は大丈夫なんだろうかなんてことを考えないで、イタリアと非常に楽しくお付き合いすることができます。時には、イタリアンの美味しいところに、大使館なんかに呼ばれてご馳走になるなんていう役得も出てまいりますし、賞を頂くということもあります。

　ところが、中国の場合なかなかそうはいきません。まず大き過ぎる。しかも中国は、遅れてきた中国という、追い付き追い越せ意識が強いところです。劣等感と優越感をない交ぜに持った大国、遅れてきた大国です。彼らの歴史観というのは、日本人と全然違います。「今は歴史だし、歴史は今だ」という、二〇〇〇年をすっ飛ばして現在を考えますし、歴史との精神的な往来がとても得意です。日本人はなかなかそうはいきません。

　NHK大河ドラマは、どんなに遅くとも五〇〇年前で終わってしまいますよね。一〇〇〇年とか二〇〇〇年前の大河ドラマをやろうというようなことにはなかなかなりませんが、中国では二〇〇〇年だろうが三〇〇〇年だろうが、歴史と今とはほとんど自在につながります。

　第二番目が、不確かな、不可解な中国。少なくともそういうふうに見える。私は、実はあまり不確かではないのではないか、と考えてきたんですが、研究しているとやはり不確かなことが多いです。

なぜ不確かかというと、情報が公開されない、非常に閉鎖的な社会だということです。不確かで不可解な中国というのが、中国脅威論をまたあおり立てるよい触媒になります。

　それから第三が、日本にとって中国は債権国です。日本は借金があるんです、道義的な借金がある。特に私たちの世代までの中国研究者には、今日はだいぶ若い研究者が来てくださっていますが、その方たちはおいておいて私のような世代ですと、中国に対する借財は精神的にとても重いです。戦争、何であんなことになったんだろう。日本はいつまで謝り続けなければいけないんだろう、というような感じがいたします。とても大きな負債です。

　しかも第四番目に、これはレジュメ資料にはないんですが、要するに大国になった中国、富強、強軍の中国にどういうふうにアプローチするかというのは、なかなか難しい、厄介な課題です。

　私は中国外交と中国の国内政治とを研究しておりますけれども、中国外交を分析する場合に難しいポイントが幾つかあります。「非近代、前近代の構造自体から来る分かりにくさ」です。つまり、日本も相当非近代の部分がありますが、われわれにとって明治維新以来の日本は近代に括れます。ところが、中国の場合には、近代に括れる部分と、そうでない部分とが綯い交ぜになっています。その非近代の構造自体が、中国外交の分析を難しくさせている。これが一つです。

それから、二つ目が情報の透明度が非常に低いこと。これは権威主義体制であるためでしょう。政治が民主化すれば、まただいぶ変わってくると思うのですが、いまのところそうはいきません。こういうことが中国外交を客観的に分析する場合に、非常に難しい要素になってまいります。

中国外交に対する主な疑問点

それで中国外交にまず問いを発してみましょう。問いばかり出てきて、答えが出てこないというジレンマに陥りますが。取りあえず、その問いを探ってみましょう。

一番目の問いは、いわば外交思想と言えるようなものです。一言で言うと、中国は近代的な主権国家システムの世界にはいないというふうに発想する。つまり伝統的な中華の世界の感覚のまま現在もいるという中国。外交思想にその面がまだかなり濃厚にあります。

それから第二番目が、これはアメリカの国際政治学なんかでよく言われることですが、中国の戦略思考の中にはいろんな要素がある。リアリズムもあれば、プラグマティズムもあれば、アイデアリズムもあればモラリズムもあると。あらゆるものを使って、外に対して今日はこういう顔を見せるけれども、明日は違う顔を見せるという感じです。

それから第三番目が、国際情勢を認識する場合に、非常に中国的な部分がある。日本の場合には、中曽根康弘氏（元首相）が最近亡くなりましたけれども、中曽根時代の外交をどういうふうに評価するかというのは、これから議論が盛んに行われると思うんですが。その点を念頭に置きながら中国のことを考えますと、中国の国際情勢認識はかなりのところ複合的にできています。単純ではないということです。

第一レベル、世界システムを考える。第二レベル、より小さくなってくると、時代性とか時代状況を考える。これは平和な時代だとか革命の時代だとかと、自分で判断するわけです。それによって見方が変わってきます。いまは建設の時代なんです。毛沢東時代は戦争と革命の時代だった。そういうふうに規定があります。第三レベル、広義の国際システムというのは、これはいわゆるシステムということで、国際関係、これをどう考えるか。第四レベルが、狭義の国際システム。これは中国人が大好きな、格局という議論をします。格局というのは、一言で言うと、権力政治なんです。大国同士の勢力均衡と考えていいです。例えば米中関係、あるいは日中米関係、あるいは日中韓のパワーの関係がどうなっているかというようなレベル。これが第四レベルです。中国はこれら四つのレベルを全部駆使しながら迫ってくるので、非常に複合的です。

それから、第四番目が非常に中国的なところなんですが、中国は自分を中心とする同心円で世界を見ることが非常に多い。同心円で一つはグローバルな世界を描きます。自分は中心、中華の中心。それからリージョナルというのもあります。リージョナルは、いまの中国の言い方でいうと周辺国家。今日議論するのは、その周辺国家がかなり多いです。アメリカはグローバルパワーです。リージョナルパワーは東南アジアとかあるいはヨーロッパとかというのがそれにあたります。

それからネイバーというのがあります。中国は一四カ国と陸上国境を接していますので、ネイバーが多いのです。日本とだいぶ違います。海洋国家であるアメリカともだいぶ違います。こういうような地理的な位置によって、中国を中心とする同心円で世界を見るという伝統、観念も、今日も強く残っています。これは日本なんかと相当違うなと感じます。

それで第五、今日のメインテーマです。対外関係から中国をどう見るかという、そういう非常に大きな問題をいかに一見整理したかのごとく見せながら分析していかなければなりません。そうしないと、大混乱に陥りますので。

対外関係から見た中国への三つのアプローチ

それで中国が大国になって以来の、中国の脅威にどうやって対抗するかということについての、周辺とかあるいはグローバルな世界の見方に取りあえず検討すべきものとして三種類あるのではないかと考えています。最近の種類です。

それで三つのアプローチをまず取り上げてみましょう。今日のお話で、対米関係をどういうふうに扱うかです。それから経済関係をどういうアプローチでやるかというので、振り返って見ていただくといいかなと思うんですが。

第一の種類のアプローチが、東京大学東洋文化研究所の佐橋先生の大先輩、園田茂人さんたちと一緒に出した『チャイナ・インパクト』という本は結構いい本で、いろいろな国の中国認識が整理されて書かれています。しかも、社会学でいう意識調査などを存分に使っているんです。なかなか役に立つ本です。園田氏は、中国のインパクトを受けている国々を一応三種類のグループに分けました。

第Ⅰグループが台湾、ベトナム、フィリピンのような領土とかお金とかを巡って、あるいは華人とかを巡って中国と先鋭なイシューがあるグループです。例えば、台湾は、中国から言わせれば外交ではないというような言い方をするだろうけれども、そうはいかないです。ベトナムも南シナ海を巡る紛争があります。こういう先鋭なイシューがあり、中国に対応するのに固有の特徴があると考えます。

第Ⅱグループが、タイとかマレーシアとかインドネシアとかの主に東南アジア。ここでは華人という、中国系の人々が大量にいて、華人との共生の多様性というところがその国の大きな問題になり、そのため中国への対応が複雑になってきます。

第Ⅲグループが、オーストラリア、ニュージーランドなどの海洋諸国です。オーストラリアもニュージーランドもアジアというところからいうと異文化世界です。そういう面から見ると、彼らの中国に対する脅威認識というのは、人種的にも非常に強くあり得ます。かつてオーストラリアでは、白豪主義つまり白人のほうが優れているというので、中国人やアジア人排斥を行なう動きがありました。大きくなった中国と接する中で、最近再びその白豪主義が復活しつつあるというようなところも出てきています。そういうところからいうと、オーストラリア、ニュージーランドはまた別の種類の対応をしつつあるといえます。ですから一様ではないということです。世界を一つの色で塗ってしまうことはできない、なかなか複雑です。

それから第二の種類のアプローチ。これは中国の周辺地域、あるいは国家と呼べるか呼べないかという複雑なところです。具体的に言うと、台湾、香港、マカオ、といわば中国系のところです。現在、マカオは除いておいて、台湾、とりわけ香港の問題が中国の内政・外政に非常に大きなインパクトを与えつつあります。林泉忠さんという研究者は、それを中国台頭症候群と名付けて、一つの概念化を考えています。まだ成功とは言えないのですが、面白い見方です。

それで、香港、台湾から見たチャイニーズ・システムというものがいま出来つつあると。そういう中で、肝心な大陸自身が非常に大きな衝撃を逆に受けつつあり、危なくなっているというようなことを議論しています。

それから第三の種類のアプローチ。これは非常に明確な中国脅威論で、新中国脅威論です。かつて二〇一〇年代ぐらいに出てきた脅威論とはまた違う。いわゆるシャープパワーと称して、ハードパワーでもソフトパワーでもない、その中間にいるグレーゾーンの非常に強力な脅威を周辺に与えるパワーとしてのシャープパワー。特に、これはイデオロギーの役割、自由主義に対抗するイデオロギーの否定的な役割をシャープパワーを議論する人々が、特にアメリカ、イギリスで出てきています。シャープパワーが出てきたのは、二〇一七年ぐらいですか。特にアメリカのトランプ政権の下にいる、右翼的な論客の見方の根底には、このシャープパワー論があるように思います。

以上のような考え方で中国に対応するということ。まだあると思うのですけれども、これら三つぐらいが取りあえず目に付きます。

それでは日本はどうするのか

一番大事な問題は、では日本はどうするかということです。それは皆さんに考えていただきたい。私たちも考えないといけないことですが。園田氏が先程の本の中で、日本の対中認識の特徴で、他にない、チャイナ・インパクトの中には入らないところが挙げられています。園田氏の考え方によると、中国崩壊論が東南アジアでは出てこない。しかし日本では、中国崩壊論というのは非常に多いのです。これが非常に違うところだと。この含意、意味はどういうところにあるのでしょうか。

それからもう一つの違いは、華人の役割。オーバーシー・チャイニーズの役割が日本の場合にはほとんど問題にならない、あるいは問題にしない。しかし、東南アジアもニュージーランドもオーストラリアも含めて、これは華人の役割のプラスマイナスの面が非常に大きな、その国の行方を決めるというふうに認識されています。そういう意味では、日本というのはかなり特殊だということが言えるかも知れません。これは今日の議論の最後で、どなたかが議論してくだされば大変助かります。

「『中国台頭症候群』をめぐって」という、林さんの論文にふれましょう。あまり深入りしませんが、一つだけ言うと、最近の動きで、香港がどうしてこんなことになったのかということです。基本的には一国両制と言って一つの国が二つの体制を持つという、これは一九九七年、香港を中国大陸が回収したときの鄧小平のモデルとして、一国家二体制、二制度というものが出てきました。それをやるんだけれども五〇年変えないんだよ、香港はいままでどおりやっていていいんだよという約束だったですよね。

ところが、その後急速に香港の中国化が進んでいます。強引に中国化を進めています。鄧小平の約束は反故にされているのです。私が見てもそう思いますから、香港人はますますそう思うでしょうね。そういう中で、反政府運動と反大陸運動がこれだけ激しくなっています。

台湾でも、台湾アイデンティティーで中国に対する反感が非常に強くなっていますけれども、基本にあるのは、国民党時代の中台経済関係が急速に、あまりにも急速に進み過ぎた故に、台湾に住んでいる人々の恐怖感、あるいは反発というのが出てきて、独立のほうがいいという方向に向かいつつあるというところです。問題は中国の出方です。

なおシャープパワーは、興味のある方は、『中央公論』の二〇一八年七月号にクリストファー・ウォーカーという人が書いたシャープパワー論が、あまり緻密ではないですが、言っていることは分かります。その論文をごらん下さい。トランプが出てきているということもあり、アメリカにおける対中国世論の右翼化が急速に進んでいます。日本もこの影響をもろに受けるでしょう。

次の部分は、米中関係です。あまり詳しく立ち入りませんが、申し上げたいことは、中国というのは非常に分かりにくいので、それでアメリカも対中誤認を何回もした。日本だけじゃないんです。その例として朝鮮戦争があります。一九五〇年に朝鮮戦争が起こって、現在まだ最終的に朝鮮戦争の問題は片付いていません。そういう国際大の紛争が起こったその背景には、当時のアメリカの対朝鮮政策あるいは対中観察というのが基本的に間違ったといって、アメリカの研究者（D．ランプトン）も反省しています。

それから、一九七〇年代末に米中が突然仲良くなって、何をしているんだろうとわれわれも注視していましたけれども。これもハリー・ハーディングという中国研究者によれば、「中国の力を過大に評価し過ぎた。

中国外交はアートである。うまい」というんです。それで、それにたぶらかされてしまった。中国の力を非常に高く評価して対ソ交渉のカードに使った。それがアメリカの対中政策を誤らせた、というような反省をしています。つまり、アメリカでさえ手こずるということです。

これまでは歴史の問題ですが、これからお話しするのはいまの米中関係です。佐橋先生が十分にお話しになると思うのですが、取りあえず、二〇一五年から米国では対中政策をどうするかというところで、非常に深刻な論争が行われています。問題はエンゲージする、つまり中国とお付き合いをするか、それともコンテインする、つまり冷戦期のように囲い込み、封じ込めをするのかということ。要するに、敵対的な対中政策を取るか、あるいは友好的な対中政策を取るか、どうするかというようなところで議論が非常に盛んです。

現在のところ、私が見るところ二〇一八年以降、ハドソン研究所のピルズベリーのように、中国が脅威だという認識が圧倒的多数です。アメリカの対中エンゲージ政策は間違っていたという反省をピルズベリーは強硬に主張いたします。そういう人々が、多数なのです。

デイビッド・シャンボーの名前が出ていますが、いまジョージ・ワシントン大学の先生をしている有名な中国研究者です。大体中間派だと思ってきましたが、彼は最近、はっきりと中国批判に転じました。彼のごく最近の言説では、「アメリカで誰が大統領になろうが米国の対中強硬政策はもはや確定した。米中は無期限の全面競争のフェーズ、局面に入った」という発言をしています。これは二〇一九年一一月一六日の中国系メディアの報道です。全面競争の局面に入ったということを、しばしば彼はいろんなところで言っています。

中国の拡大する在外利益

これからお話しするのは、中国がいかに世界大で巨大になっているかということの事例です。

一つは拡大する中国の在外利益。『ＳＩＰＲＩ』という軍備管理に関する資料がありますが、その中にリビアが出ています。二〇一一年三月、リビアで反乱があります。カダフィの独裁政権が崩壊しまして大危機になります。このリビアには、中国の企業、国営企業も含めて大量に入っていました。反中暴動の動きも出てきました。中国はただちに解放軍を使ってチャーター機で滞在している駐在員、国営企業の労働者三万五〇〇〇人全員を急遽撤退させます。あっという間の出来事でした。すごいことをするなと思うのと同時に、やはり中国の在外利益がいかに世界大に拡散しているか、拡張しているかということの一端がここで出てきたと思いました。中東およびアフリカで特に顕著です。

巨大企業については、二〇一七年の『Fortune』によると、中国企業の大きさは、二位に「国家電網公司」。電網というのは、通信ですね。それから「中国石油天然ガス集団」、SINOPECといわれる「中国石油化工集団」、これらは全部国営企業です。これが世界の二位、三位、四位になっていました。二〇年前にこんなことは絶対になかったことです。中国における大企業が、世界二位、三位、四位に浮上しました。日本はトヨタが五位で出てきています。

海外軍事基地について

次に中国の軍事的な大きさということで、海軍の軍事基地を紹介しましょう。これに関しては、情報は非常に少ないんです。一つだけご紹介しておきたいのは、『国際展望雑誌』という雑誌に中国人研究者が、「海外に軍事基地を持つべきではないか、中国もそろそろやらないと駄目だよ」という議論を堂々と始めたということです。

彼は最後のところでこう言います。「いま海外基地が欠乏しているため、海軍力を含む軍事力の効率よい展開に制約になっている。これでは具合が悪い」、「海外基地をいかに造るか。いまの中国に避けて通れない問題だ」というような議論が多数雑誌なんかで出てきています。

ですから、そういう意味では、アメリカ型の海外への軍事的拡張が増えそうです。ナンバーツーあるいはアメリカを超えようという意気込みすら感じられます。ただし、そういう強い中国、大きな中国、おっかない中国ということとは異なる脆弱な中国も現実です。中国は総合的に見なければなりません。

中国体制崩壊論の紹介

最後に、中国共産党の体制は間もなく崩壊するという考え方が国内で出てきました。われわれ外国人の研究者の目にも触れるようになったということで、三つの例を挙げてみましょう。

二〇一五年のデイビッド・シャンボーの議論です。彼の議論は二〇一五年三月八日の『ウォール・ストリート・ジャーナル』に出て、中国人をあっと驚かせたんです。シャンボーいわく、「いま中国共産党統治の最終幕が始まったところを見ているところだ。諸君、心せよ」というわけです。崩壊劇の最初の幕が始まるところだ、これがシャンボーの議論です。ただ、シャンボーはこれを二～三年後には別の言い方をしています。

それから今度は中国人の研究者、呉思さんという天則経済研究所という民間経済研究所の研究者です。歴史研究の人ですが、彼が日本に来たときに講演しました。そこで彼が言っているのは、中国でいま蔓延しているのは中国共産党が支配する官家主義、つまり巨大官僚がすべてを仕切る官僚体制であり、官家主義だと。呉思によれば、しかし官家主義には中国の歴史からすると寿命があります。平均寿命は一七一年で、混乱期の平均寿命は六七年。歴史的に王朝の死因は三つあり、一つは官家主義それ自体の内部崩壊（腐敗と権力闘争）。それから第二番目の死因は民変といわれる農民の反乱。第三番目は外国人が入ってきてつぶしてしまうこと。これは歴史的に言うと日本です。日本が入ってきてつぶした。呉思さんが二〇一六年に東京で言ったことには私はとてもびっくりしました。中国は二〇二〇年までに官変で大きな政治変動があるかもしれないと予言したのですから。

第三の例で、鄭也夫（北京大学）という人が論文を書いています。これはすぐにブログが削除されましたけれども。「中国共産党は歴史の舞台から退いたほうがいいです。自分から身を引きなさい」という論文です。非常に軟らかい調子の論文なんですが。なかなかおっかないことが書いてあります。つまり、中国における、ほとんど体制派に近い研究者の中から、こういう議論が出てくるというのは一体どういうことなんだろう、ということです。

私は呉思さんに、「あなたの考え方には非常に驚いたので、これを私は日本で皆さんに紹介したい。あなたは困らないか」と聞いたら、「全然構いません。国でもどんどん言っていますから」と言うので、それで今日もお話をするんですが。

つまり、歴史が描く崩壊のシナリオとしては、農民反乱、それから権力の腐敗、外国の侵略という、このぐらいのシナリオが考えられる。こういうものに中国がいま直面し始めたという、そういう中国でもあるのです。それも一種の脅威です。中国が混乱すれば、周辺にとっては非常に大きな脅威になりますから。脅威の種類は非常に多様です。

中国は帝国になれるのか

次は別のシナリオを考えてみましょう。柔らかい、優しい帝国に中国はなれるかどうかという問題です。これは非常に望ましいシナリオでありますけれども、なかなか難しいです。藤原帰一さんという東大法学部の先生で、アメリカを公共の帝国、デモクラシーの帝国と名付けてこう言うのです。帝国とは誰でもがなれるものではないと。次のような条件が必要だとして、第一番目が、世界に公共財を提供できるかどうか。例えば軍事力、それから経済力でしょうか。

第二番目が文化力を提供できるかどうか。文化力というのは、ミッションです。世界を支配できるような価値観というもの、たとえば民主主義のような、世界を納得させるような価値観を持つかどうか。

第三番目が、周縁に自律的な国民経済を許さないようなグローバルな経済力を提供できるかどうか。それから第四が、主観的に帝国になりたいという欲望を持つかどうか。以上の四条件で、いまの中国を考えると、かなり否定的な答えが出てきます。

中国は多分なりたいと、少なくとも習近平さんはなりたいと思っているでしょう。中華の夢だと思います。しかし、できるかどうかというとかなり厳しい。とりわけ、世界に公共財を、そして世界に支配的な価値を提供できるかどうかというところで、世界は認めないだろうと思いますので。つまり中国が柔らかい優しい帝国になれるという未来を描くことは、いまのところ難しいというようなことを考えながら、本日のお話を聴いていただければ、うれしいと思います。私のお話はこれで終わりたいと思います。

ご清聴ありがとうございました。

アメリカから見た中国

東京大学東洋文化研究所　佐橋　亮

はじめに

皆さん、こんにちは。佐橋と申します。本日はお招きいただきましてありがとうございます。私、福岡には八日ぶりに帰ってまいりました。再来週にも鹿児島に参ります。九州は大好きなので、頻繁に往復させていただいております。

さて、先ほど毛里先生からご提起ありましたとおり、私たちはややもすると中国脅威論にとらわれることが多いわけです。そして、恐らくいまのアメリカというのは、中国脅威論にほぼ完全にとらわれてしまった状況といえます。

皆さまご存じのとおり、最近はトランプ大統領だけではなくて、アメリカ連邦議会もメディアも中国に対して厳しい姿勢を取っております。アメリカの姿勢はボクシングでいうところのファイティング・ポーズをとっているかのようです。その背景には、とても厳しい対中脅威認識が、アメリカの社会の中で、広まっているということがあります。

実のところ、メディアが貿易戦争と言っているのは、対立の一面を示すに過ぎません。経済活動、留学生や科学者による交流といった社会活動など、米中関係の多くの面に対立の影響がでています。

なぜこうなってしまったのか。時代をさかのぼって考えてみますと、一九七〇年代には、ヘンリー・キッシンジャー博士、ニクソン大統領、そしてカーター大統領といった人たちが中国に接近し、関係を築きました。その後も八〇年代、九〇年代と、中国の経済発展を支援した、いわば中国を強くしたのはアメリカを中心にした先進国だったわけです。

しかし、そのアメリカがいつの間にか、自分が育てたに等しい中国に強い脅威を感じるようになっている。それがいまの現状です。繰り返しになりますが、なぜアメリカは四〇年にわたる対中支援から「心変わり」したのか。それが今日皆さんと考えたいことです。

米中国交正常化

まず写真を見ていただきましょう。これは一九七八年五月、訪中したブレジンスキーというカーター大統領の国家安全保障担当補佐官――ポーランド系の方で、まさに中国とアメリカの国交正常化を成し遂げたときの外交責任者の一人です――が左側に、鄧小平が右側にいます。鄧小平が完全に権力を掌握するのはこれから半年後です。ブレジンスキーは鄧小平に何を言ったのか。

近代化して、他国――これはもちろんソ連です――から脅かされず、強い中国こそアメリカの利益と考えていますので、国交正常化をしましょう。（ニクソン訪中から既に六年が経過し、交渉が一度は暗礁に乗り上げているものの）大局をみて米中国交正常化をしましょう。そういうことを言ったわけです。ここでのポイントは、強い中国こそアメリカの利益だと断言したことです。

ブレジンスキーという人は、心配症なところがあって、同じセリフをその日の夜にも繰り返し伝えています。彼の狙いは、近代化を含め強い中国になることがアメリカの本心だと説得することでした。

アメリカと中国は、同年中に交渉を決着させます。一九七九年一月から、北京にある中華人民共和国とアメリカの国交が成立して、そして台湾にある中華民国とは断交をいたします。中華民国とは同盟関係にあったわけですけれども、それもあえなく解体させるわけです。

鄧小平氏（右）と会談するズビグネフ・ブレジンスキー米国大統領補佐官（1987年5月、北京）

こういったことをしてまで中国と手を結んだアメリカのその背景に何があったのかといえば、もちろんソ連への対抗という冷戦構造です。先んじてニクソンが対中接近を始めたきっかけは、ベトナム和平交渉、対ソ牽制に、中ソ国境紛争後の国際情勢を上手く使おうという発想です。そのあたりは、拙著『共存の模索』（勁草書房）や、毛里和子先生が監訳された『ニクソン訪中機密会談録　増補決定版』（岩波書店）を参照ください。

いずれにしても、七〇年代にアメリカと中国はついに手を結んだ。そしてアメリカは強い中国になってくださいと言った。そして、それは決してリップサービスではなかったのです。中国と国交正常化できたから、はいそれまでとはならなかった。次にここをみていきましょう。

中国支援　八〇年代の米中関係

八〇年代にカーターからレーガンに大統領が代わります。カーターは民主党、レーガンは共和党ですけれども、党派の違いにかかわらず、中国に対してあの手この手の支援をしていきます。実はこれは面白い話です。なぜかというと、レーガン大統領自身やその一部のスタッフは親台湾のところがあり、大統領選でも公言していた。

八〇年代を貫いて、ありとあらゆる形でアメリカは中国を支援していきます。リップサービスではなかった。ソ連の牽制といった目的も、中ソ関係の修復とともに主要な理由ではなくなった。中国を強くしておいたほうが役に立つと。端的に言えば、そのような発想が根強かったわけです。

では、どう支援するのか。ここでは、いまアメリカが中国に対してやっていることの真逆をやっていきます。何万という科学者をアメリカは留学生、訪問研究者として受け入れます。中国政府がお金を払った留学生もいましたけれども、かなりのところアメリカ政府の奨学制度の恩恵にあずかっています。

どんな分野に行ったのか。人文・社会科学ではありません。圧倒的多数が、いわゆる理工系です。留学生が工学、自然科学、医学の世界で一流の大学から最高学位を取っていく。こういったことで、アメリカの科学・技術を開放したわけです。

それだけではありません。中国に武器売却をするといったこともやっていく。さらに中国はソ連情報を必要としてますので、それも提供します。ありとあらゆる形で、中国のほうを向いた協力を具体的にやっていったわけです。

アメリカは当時から中国の人権問題を理解していました。また、中国は中東にミサイルをどんどん売っていたわけです。中国が難しいパートナーであると考える人々は当時も多数政権にいました。では、なぜそれでも関係を持っていたのか。そこにあるのは楽観主義です。「いわゆる共産主義国家」、これはレーガン自身が中国を表現した言葉です。中国に対する幻想みたいなものがアメリカ社会を支配した、そういった時代だったわけです。

関与政策の固定化　九〇年代の米中関係

一九八九年六月四日、天安門事件が起きます。天安門広場であれだけのことをしたのだから、アメリカはついに中国の人権問題に、共産党の政治体制が抱えている構造的問題に気付くのではないのか。八九年は、そもそも冷戦も終わりかけていたわけです。もう東ヨーロッパ諸国はどんどん変わっていました。やがてそれが一一月九日のベルリンの壁の崩壊へと向かっていく。歴史の軸がどんどんと世界の進歩に向かって進んでいる、そんな時期にまったく逆のことをしたのが中国政府だった。アメリカはここで関係を見直しても不思議ではありませんでした。

しかし、アメリカは天安門事件後も中国との関係構築をまったく諦めなかったのです。もちろん議会は大騒ぎです。そして、その議会で対中批判の急先鋒だったのがナンシー・ペロシ議員でした。当時は新米議員でしたが、今日ではアメリカ民主党を代表する政治家であり、下院議長です。さらには、アメリカに留学していた中国系の学生たちも、私たちはこんな中国に帰りたくないと運動を起こします。だが、ブッシュ政権は八〇年代以上に中国に関与する道を選びます。

どうしてなのか。なぜアメリカはこれほどまで中国を諦めないのだろうか。(他でみられないほどに) 忍耐強すぎはしないか。私も米中関係を長年研究してきましたが、たしかに少し腑に落ちないところがあります。中国はまったく異なった政治体制であり、政治への考え方をもっているわけですから、楽観的に付き合えると信じるには厳しい。後述するように経済的な期待や、一部の政治家の働きかけがあったのは間違いがないのですが、本当にそれだけなのだろうか。私はいまだ明確な答えを持ち合わせていませんが、七〇年代から米中両国が共通の目標をいくつも追い求めた経験の共有が大きいとは考えています。

話を戻しましょう。中国に関与し続けるといっても、さすがにもう冷戦も終わっていくので、ソ連という錦の御旗が使えません。そこで違う錦の御旗をつくります。中国は大国であり、大国と関係を持つことはいいことである、というものです。言い換えれば、二国間関係そのものが重要だという論理です。でかい国とはちゃんと付き合っていかなくてはいけないだろうと。すごくぼんやりとした、何の戦略的思想も感じない発想ですけれども、本当にそういった説明をしていくわけです。ここから関与政策が始まります。

共和党のブッシュ(父)政権で萌芽し、そして民主党のクリントン政権がこれを引き継ぎます。クリントン政権は、ブッシュ政権を批判して当選しました。クリントンは「北京の虐殺者」というふうに中国を批判して大統領選挙を戦った。しかし、当選したらどうなったのか。結局、関与政策を取ったわけです。

どうしてなのか。このときには産業界の要請もあります。中国経済の成長に大きな期待があり、実際に投資も始まっていました。その人たちが政府に圧力をかけたわけです。さらに、ニクソン元大統領やキッシンジャー元補佐官も代弁するかのような行動を取ります。対中ビジネスに賭ける期待感、大国との二国間関係は大切だといった思いの中で、関与政策が固定化されたというのが九〇年代だったということです。

当時から批判にも根強いものがありました。たとえば、九六年に台湾が初の総統選挙をしようと動いていったときに、中国は台湾海峡とその周辺に演習としてミサイルを撃ち込んでいたわけです。クリントン政権はそのときこそ、二つの空母戦闘群を派遣するなど抑止を念頭に置いた動きを取りますが、関与方針は事後も継続します。また一九九九年には、アメリカがベオグラードで中国大使館を誤爆してしまったわけですが、このときも何とか危機を克服する。

アメリカ社会の中では、「中国はあまりにも違うやつらだろう、このままだとひどいことになる」といったことを、声を荒げて主張する中国批判派、中国脅威論が九〇年代に芽生えていました。しかし、これらが政策に影響を与えることはなく、諸々の困難、いわば風雪にもめげず、米中関係は維持されました。そしてアメリカの後押しにより、中国は世界貿易機関（ＷＴＯ）加盟を果たします。中国への投資は止まず、世界の工場と呼ばれるほどに中国への製造拠点の移動が本格化します。

中国の台頭への備え

いつぐらいからアメリカは中国が成長することの意味を熟考するようになったのでしょうか。

このままだと中国がアメリカの安全保障上、または世界の覇権にとっての障害になる、ということを政府の中で考えるようになった時期は大体ブッシュ（子）政権期、二〇〇一年から二〇〇八年にあたります。アメリカ政府の一部、国防総省・軍の中で議論が始まっていきます。当時の議論というものは、ラムズフェルドという当時の国防長官の個人的に持っている私文書を見られる研究者がいまして、議論の再現を試みています（ニナ・サイローブ（志田淳二郎訳）「アメリカのアジアへの方向転換」佐橋亮編『冷戦後の東アジア秩序』勁草書房、二〇二〇年所収）。

いずれにしても、当時あった議論というのは、このままだと中国の将来は不確実で見通せないが、台頭した中国のパワーはアメリカの利益にとって必ずしも好ましくない、どうしたらいいのか。九〇年代と異なり、ついに堂々と政府の中で研究されるようになった。

どういった議論になったのか。いまから考えると当時は、中国はきっと変えられるという考えがあった時期に重なります。中国を変えるためにはアメリカの力を見せつけなくてはいけない。具体的にどういうことを指しているかというと、アメリカの最先端の軍事技術とかいったものを見せつけるようにして、軍事的にはアメリカには勝てないかな、という考え方を中国に持たせようとした。

この考え方を、諫止（かんし）というふうに当時は言っていました。説得してやめさせるというやつです。また同じような意味で、シェープという言葉も使っていました。相手の気持ちを変える。形作るということです。

確かに大国化した中国の意味に気がつき始めたが、それでも中国の進む道を変えることができるから、力を見せつけるなどして働きかけていこう。アメリカ・イズ・ナンバーワンという力を見せつけることによって、変えていこう。そのようなアプローチのなかで関与政策は維持されました。

オバマと中国

実際、９・11の同時多発テロの後に中国とアメリカは、アフガニスタンなど対テロで協力していますから、とても関係を切ることもできなかった。

そして、オバマ政権の時代になります。オバマの八年というのは、そもそもグローバル金融危機（リーマン・ショック）のさなかにあたります。当時中国政府は、いち早く経済危機から脱することができたこともあり、かなり強気に振る舞います。それは政府当局者の言動だけでなく、領有権を周辺諸国と争っている南シナ海での行動にもでてきます。アメリカでは、中国がアメリカ一強時代の終わりと判断して自信過剰に振る舞っているのではないか、との警戒論もでてきます。

では、中国にオバマ政権はどう向かい合ったのか。政権一期目には、アジア重視（ピボット）戦略を打ち出しますが、同時に中国との関係構築への配慮も続けました。

その後、政権二期目、また習近平政権の発足後になりますと、中国による人口島建設やその軍事化がみられた南シナ海問題に加えて、アメリカ本土への大規模サイバー攻撃も注目されました。そのなかには、アメリカの連邦政府人事局のデータが約二三〇〇万人分持っていかれるということもありました。こういった中で、中国警戒論というのは確かに高まったわけです。

しかし、中国はまだアメリカには追い付けない、という考え方が非常に強かった。また中国は、例えば人民元国際化をすすめるが、それもドル支配への挑戦ではなく、リスクヘッジに過ぎないと見なされていく。米中の逆転はまだ遠いと考えるその余裕から、関与政策を続けるということになる。備えはもっとしなくてはいけないけれども、関与は維持する。だからオバマ政権がやったことは何だったのか。繰り返し習近平との対話をしたわけです。備えの比率は徐々に上がったにしても、そこの本線はずれなかったというのが、オバマ政権で一貫していたことだったと思います。

そしてトランプ政権が到来

ここまでが、過去四〇年にわたる米中関係、そしてアメリカの基本的な構図です。アメフトとか好きな方であれば、アメリカの「プレイブック（指令書）」にはまず関与政策が書き込まれており、外交を通じた二国間関係の管理によって問題を解決するための算段がそこに記されていた、ということです。

日本にとってもこれは非常に重要な意味を持ってきました。考えてみてください。これまでの約四〇年、米中関係が安定したからこそ、日本も日中関係を構築できたし、アジア全体の貿易や相互依存関係が発展した。いろいろ山あり谷ありでしたが、基本的に米中が協力を進め、アメリカが中国をＷＴＯに加盟させ、軍事的な対立を制御してきたから、その中で日本もアジアも発展したところがあるわけです。各国が裨益してきたアジア秩序において、かなり重要な役割を担っていたものが米中関係だったわけです。

さて、こういった構図が根底から変化しているのが、トランプ政権期の今、となります。アメリカにとって中国は対等な競争相手とみなされるようになりました。もう関与政策という言葉を使う人は、首都ワシントンではほぼいなくなったと言われます。使っている人はキッシンジャー・スクールとかに属するごく一部です。競争という言葉が政治的に中立の響きがあり便利なようで、政府も専門家も好んで使っています。

この変化の背景にあるのは、一つには権力後退への恐怖です。オバマ政権期には薄かった、中国に追いつかれるという事態が、可能性かもしれないが視野に入ってきた。対中政策の急速な変化を一言で説明すれば、切迫感であり焦りです。いまやらなければ、対応が間に合わず、安全保障、経済の両面においてアメリカの地位が脅かされる。

トランプ大統領による「貿易戦争」は、物事の一面のみを説明します。貿易戦争や関税賦与の背景にあるのはアメリカ第一の経済ナショナリズムです。また大統領は合意を作ることで、再選への足がかりにもしたい。しかし、こういった貿易摩擦による米中対立はあくまでも米中関係悪化へのきっかけにすぎません。大統領や一部の側近をさておけば、アメリカ政府の多数派にとって、対立を辞さず対中政策を変えた本当の狙いは戦略的な競争です。貿易戦争で生まれた対中対立の状況を上手く利用する形で、競争を唱える安全保障関係の声が高まっていくことになります。

戦略的という言葉で意味していることは、ここではアメリカの覇権の維持、世界における指導的地位の保持を図ろうとすると考えてください。この競争に勝たなくてはいけない、といった切迫感のある問題意識の中で政策が作られていると、私は解釈しています。パワー中心で国際政治をみるリアリズムの視点です。

イデオロギーや普遍的価値観の問題は主たる推進力ではありませんが、相乗効果を作り出しています。例えば、新疆ウイグル自治区において人権侵害と告発されている内容や、香港における統制の強化は、アメリカでもいっそう関心を持たれるようになっています。それらはアメリカが理念を重要視する国であり、市民団体やメディアの調査や政治運動も活発なため確かに社会に響くのですが、ただし米中対立の中核とはいえないところがあります。

トランプ政権の対中政策で、きわめて重要視されているのは最先端の科学・技術に関する問題です。アメリカはここで中国が追いつきつつあると認識しているわけです。アメリカが気にしているのは、企業とか大学の最先端の研究室から技術が窃取されたり、または投資・買収されたりすることだけではありません。そもそも中国の科学・技術力は、もはや自らの力で素晴らしく発展しています。膨大な予算がついています。

しかし科学・技術力こそが、アメリカから見ると安全保障においても、経済においても、世界における指導的地位の肝だったわけです。それが損なわれてしまえば、つまり追い抜かれるようなことがあれば、経済的優位だけではなくて軍事的能力を脅かし、覇権そのものを損なう結果になる、と考えるわけです。

いまもっとも懸念されているのは、ご存じの通りの次世代通信網の5Gです。社会のIoT化が急速に進展するなかで、中国製の製品や技術が中心になれば、情報も丸裸になるとの懸念がトランプ政権に大変強いのは事実です。

結果として出てきたのが、中国の科学・技術の発展を利することがないようにする諸々の米国発の規制です。こちらのほうが実は、貿易戦争による関税合戦よりも遥かに大事です。手段としては輸出管理や直接投資規制、またビザの発給制限や研究費管理の厳格化をします。アメリカの技術を使ったものが中国の最先端の研究現場、製造現場にいかないように、輸出管理を自国企業、さらには外国企業に求めています。こういった規制のための手段を法制化によって増やし、またそれらの遵守を日本はじめ世界のパートナーの政府、企業に求めているのがいまの現状です。

米中対立はどこに向かうのか

最後に、米中関係がここからどこに向かうのか、簡潔に展望を述べて終わらせていただきます。

総論としては、関与の時代には戻らないし、アメリカと中国はこのままずっと競争していくのだろうと思います。競争という言葉でごまかしていますが、相手国の弱体化も辞さないという姿勢は、理論的には封じ込めにかなり近いものです。そういった考えがトランプ政権の中核をなしていることは否定しがたい。

けれども、対中政策の進め方を巡っては、アメリカの中でも様々な議論がありまして、大統領選でも一つの争点になると思っています。

それはどうしてか。先ほどお話した規制の話一つ取っても、それを明らかにやり過ぎとみる声があるのです。このグローバル化した時代に、経済コストも大きく、また中国人留学生をビザの制限などで厳しい状況に置くことに多くの批判があります。これは人権問題でもあるのです。

やり方のところを巡って、実はアメリカ社会はかなり割れつつある、というのがいまの現状です。中国の政治体制そのものを打破しなければいけないという人たちこそ主流ではありませんが、それでも圧力重視の声が大きいのです。そして、それらの人々は人権よりもアメリカの利益、覇権の保持に重きを置いています。

それに対して、民主党、共和党を問わず、異なった方法論を求める声が上がっています。専門家の署名活動や意見表明でそれらを観察することができます。

また世論も、対中強硬論では盛り上がりに欠けます。世論は大統領選に影響していきます。中国が徐々に強国化していることだけでは、世論において中国への厳しい見方を作ることは出来ないでしょう。今の時点では、中国への雇用流出など経済的な競争相手という点が世論では主たる争点であって、安全保障上の優先順位は高くありません。

もちろんこれは、いままでどおり、過去四〇年あったようなすべてのことに目をつぶって、中国は大事だよね、というストーリーを世論が支持しているわけではありません。トランプ政権の貿易戦争アピール、関税の利用への反発も作用しているのかもしれません。いずれにせよ、世論はまだ明確には変化していないと言うことです。

時間の制約もありますので、取りあえずここで終わりにしたいと思います。ご清聴ありがとうございました。

※　その後の展開を含め、以下を参照いただければ幸いです。

佐橋亮「米中対立と日本：関与から戦略的競争に移行するアメリカを中心に」『国際問題』六八八号、二〇二〇年一・二月合併号

佐橋亮「不信深めるアメリカの対中姿勢」『外交』第六二号（都市出版）、二〇二〇年

佐橋亮『米中対立　アメリカの戦略転換と分断される世界』（中公新書、二〇二一年）

東南アジアから見た中国

北九州市立大学法学部　田村慶子

はじめに

皆さまこんにちは、田村慶子と申します。本日は短い時間ですけれども、よろしくお願いいたします。コーディネーターの毛里先生や他の発表者の方々は、冒頭に福岡・九州との関わりをおっしゃったのですが、私は北九州市に住んでいますので深く関わっています。ただ、生まれは福井県福井市で、高校卒業後に大学進学のために東京に行きました。学生時代に東京で知り合ったボーイフレンドが「故郷にUターンをする」と言い出しましたので、彼に「故郷はどこだっけ？」と聞いたら北九州とのことで、それで一緒にこちらにまいりました。北九州市に来た当時は、東京の友人が「流れ弾に当たるのではないか」と心配してくれました。ただ、三〇年以上住んでいますが流れ弾に当たったことはないので、多分これからも大丈夫なのではないかと思っています。

私は「東南アジアから見た中国」という話をします。

地図の□で囲んだ国々は東南アジア一一カ国です。そのうちの一〇カ国がAssociation of Southeast Asian Nations（ＡＳＥＡＮ、東南アジア諸国連合）という組織に加盟しています。インドネシアとの長い抗争の末に、二〇〇二年に独立した東ティモールはまだＡＳＥＡＮには入っていませんが、他の東南アジアの国々はＡＳＥＡＮに加盟していますので、現在ではＡＳＥＡＮ諸国やＡＳＥＡＮ加盟国と東南アジア諸国はほとんど同じ意味に使われています。

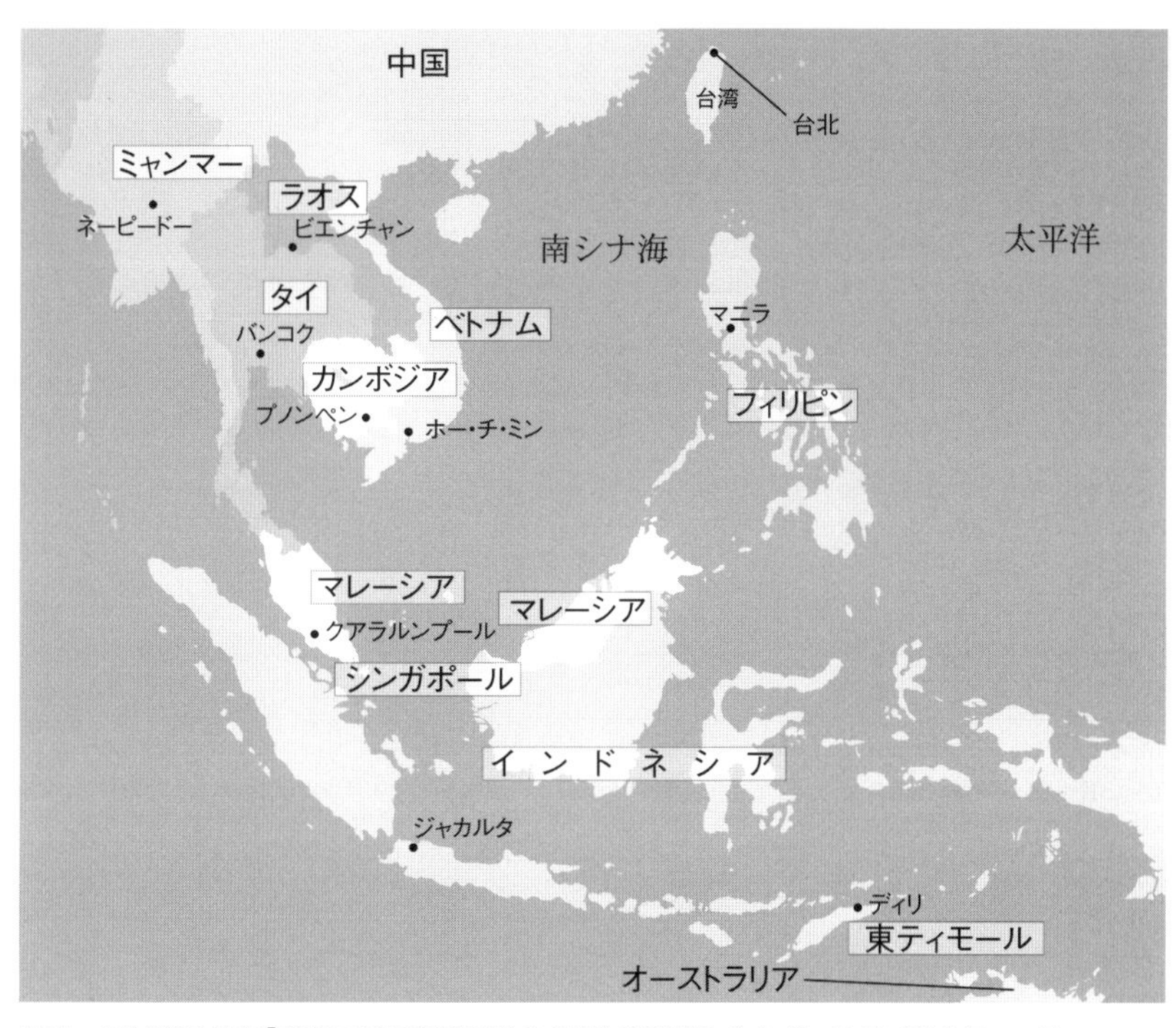

出典：田村慶子他編『東南アジア現代政治入門［改訂版］』ミネルヴァ書房、2018年、p・V

ただ、ＡＳＥＡＮが結成された一九六七年当時から一〇カ国すべてが加盟していたわけではなく、インドネシア、マレーシア、フィリピン、シンガポール、タイの五か国が当初の加盟国です。一九八四年にブルネイが、九〇年代以降ベトナム、ラオス、カンボジア、ミャンマーが入って、現在のＡＳＥＡＮになりました。

「三重の脅威」の中国

東南アジアの国々にとっては、中国は「三重の脅威」の国です。

第一は東南アジア各国の共産党勢力の支援者であること。タイ共産党、マラヤ共産党、フィリピン共産党というのは、それぞれの国の政府にとっては反政府勢力、いわば不倶戴天の敵でした。

第二は、先ほど毛里先生の「問題の所在について」で何度か出てきましたけれども、東南アジアに居住する華僑・華人つまり中国系住民の祖国としての中国です。華僑と華人の区別ですが、華僑は中国を離れて他の国に居住しても、居住国の国籍を取っていない人のことです。一方、居住国の国籍を取った人を華人といいます。現在東南アジアにいる中国系住民の圧倒的多数は、居住する東南アジアそれぞれの国の国籍を取っていますので、近年ではもう華人という言い方が一般的になりました。ただ、二〇〇〇年代以降、中国から新たに東南アジアにたくさんの移民がやってくるようになりました。この人たちを新華僑と呼ぶことがあります。

なぜ華僑・華人の祖国中国が脅威になるのでしょうか。中国移民が大量に東南アジアにやってくるのは、一九世紀後半から二〇世紀初頭にかけてです。移民一世や二世は祖国中国に残した家族に送金をしたり、家族を呼び寄せたりしますから、彼らは中国に対して愛着を持っていました。その祖国中国は革命家の孫文以来、革命達成のために華僑・華人の資金を利用し、さらに中国は一九四九年の建国後、国内経済建設のために華僑・華人に投資をよびかけるだけでなく、一九六〇年代になると東南アジアの華僑・華人を通して共産主義革命を東南アジアに輸出しようとしました。一方、東南アジア各国政府にとって、国内の華僑・華人が祖国中国に愛着を持ったり、共産主義革命を国内に持ちこんだりすることは、国民統合と社会の安定にとって大きな支障になります。

第三には、巨大な人口と大きな軍事力、政治的・イデオロギー的な影響力、そして特に近年は圧倒的な経済力も有し、まさにアジアのスーパーパワー、大国となった中国の脅威です。

結論を先に申し上げますと、第一と第二は一九八〇年代の終わりまでにほぼ解決・解消しました。近年では第三の巨大化する中国に東南アジアの国々は悩まされつつも、それを利用しながら何とか対処しているのが現実です。

では詳しく見ていきましょう。

脅威１：東南アジア共産主義勢力の支援者としての中国

一九五〇年代の一時期、中国は「平和共存」を掲げて、近隣諸国との友好関係構築を図りました。そのため、当時、非同盟中立外交路線を打ち出していたビルマ（現在のミャンマー）は新中国建国直後の一九四九年に、それからインドネシアは一九五〇年に中国と国交を樹立しました。ただ、一九六〇年代になると「平和共存」が変容し、中国は東南アジア各地の共産党勢力を直接、間接的に支援するようになります。東南アジア各国の共産党も、毛沢東思想を旗印にそれぞれの政府に対して、反政府、武装闘争を行い始めました。

同時に、中国は東南アジア各国政府に弾圧された各地の共産党指導者を北京に受け入れて、指導者の何人かは中国で活動を続けました。また、「マラヤ人民の声」、「ビルマ人民の声」、「タイ人民の声」という東南アジア各国共産党の放送局が中国の領土の内部や国境地帯で宣伝活動を行っていました。また、マラヤ共産党の場合はその活動家のほとんどが中国系で、中国とは人種的なつながりも持っていました。

中国のこのような「平和共存」政策の変容ゆえに、ビルマの中国大使館が襲撃されるという事件が発生し、ビルマは一九六七年に中国と国交を断絶します。この直後から中国はビルマ共産党を支援するようになりました。

また、一九五七年に独立したマラヤ連邦に、イギリス連邦内の自治領シンガポール、イギリスの保護領サバとサラワクが合併して、一九六三年に新連邦マレーシアが結成されますが、中国は新連邦を「イギリスの新植民地政策の下に作られた傀儡（かいらい）国家」であるとして承認しませんでした。さらに、そこから分離・独立して一九六五年に単独の共和国になったシンガポールも、中国は国家承認をしませんでした。一九六七年に成立したＡＳＥＡＮについても、中国は「反中国、反革命、反人民の反共連合である」として、非常に強く非難しました。

このような強硬な姿勢が変化するのは一九七〇年代からです。この時期に何があったのでしょうか。先ほどの「米国から見た中国」（佐橋先生）のお話のところでも出てきましたけれども、米中関係が大きく好転するのと同時に、中国とソ連（現在のロシア）の対立が急激に悪化して、中ソ論争が中ソ対立そして紛争になるというような国際政治の変化が起きました。中国はアメリカとの国交樹立のために、東南アジアの反政府共産党勢力への支援や支持を大きく減少させ、同時に「マラヤ人民の声」や「ビルマ人民の声」などの放送局が停止していきます。

一九七一年、中国は国連に加盟します。それまで反政府共産党勢力の活動に悩まされていたタイ、マレーシアやフィリピンという東南アジアの国々は、中国との関係改善に向けて動き出しました。一九六七年に中国と断交したビルマも、一九七一年に再度国交を樹立します。一九七四年にはマレーシア、一九七五年にはタイとフィリピンが中国と国交を樹立しました。

また中国は一九七五年にＡＳＥＡＮを地域機構として認めます。それには主に二つの理由がありました。まず、当時のＡＳＥＡＮが、東南アジアを外部の大国のいかなるかたちや方式による干渉も受けない平和・自由・中立の地域にするという「東南アジア平和・自由・中立地帯（Zone of Peace, Freedom and Neutrality:ZOPFAN）構想」を掲げていました。この構想が中国の対外姿勢と一致していたため、中国は構想に賛成することでＡＳＥＡＮを中国側に取り込めると考えたのです。さらに対立を深めていたソ連が一九六九年に提唱した「アジア独自の集団安保体制」を中国への脅威と考えたため、「東南アジア平和・自由・中立地帯構想」がソ連の進出と影響力の増大をも抑止しうると見なしたのです。

なお、一九七〇年代初頭までベトナムはまだ戦場で、カンボジアもラオスもベトナム戦争に巻き込まれていました。ベトナムが南北統一されて、ベトナム社会主義共和国が成立するのは一九七六年です。ちょうど同じころ、カンボジアとラオスでも共産主義政権が成立しました。ですので、東南アジアは共産主義国家と非共産主義国家（ＡＳＥＡＮ諸国）に分かれてしまいました。タイやマレーシア、フィリピン国内の共産党

表１　東南アジアに滞在する華僑・華人人口（約2800万人）

国名	人口（万人）	総人口に占める割合（%）
インドネシア	812	3.28
マレーシア	678	23.6
シンガポール	283	74.2
タイ	751	11.19
フィリピン	141	1.36
ベトナム	100	1.1

出典：中華民国僑務委員会『華僑経済年鑑　民国101年』2012年

勢力は中国からの支援を受けられなくなり弱体化していきますが、ＡＳＥＡＮ諸国は、今度は東南アジア域内の共産主義国家と対峙することになります。

脅威２：東南アジアに居住する華僑・華人の祖国としての中国

次は、東南アジアに居住する華僑・華人の祖国としての中国という第二の脅威です。

表１をご覧ください。東南アジアには約二八〇〇万人の華僑・華人、つまり中国系の住民が住んでいると推定されています。なお、タイとフィリピンは中国系住民の同化がかなり早くから進みましたので、華僑・華人を通しての中国の脅威を直接的に感じているのは、インドネシア、マレーシア、そして人口の四分の三が中国系であるという他の国とは異質なシンガポールです。

先ほども申し上げましたように、一九五〇年代の一時期、中国は「平和共存」を提唱し、近隣諸国との友好関係の構築を図りました。華僑・華人に対しては、居住国の法の順守と国籍取得を奨励しました。一九五五年、インドネシアと中国の間で「華僑の二重国籍に関する条約」が結ばれ、インドネシアの華僑の国籍問題に一応の終止符が打たれたのもこの「平和共存」の時代です。

ただし、同時に、この時期の中国は、海外の華僑・華人の送金の獲得や華僑・華人に居住地住民と連携して民族統一戦線を展開させて共産主義を拡大させることもまた目標にしていました。華僑・華人を中国の対外戦略の道具、国内経済建設のための道具にするという戦略は、「平和共存」の時期も存在していたのです。

「平和共存」路線が大きく変わるのが一九六〇年代、中国のいわゆる文化大革命の時期です。文化大革命の時期は、海外の華僑・華人に現地政府に対する造反や武装闘争を呼び掛けました。こういう中国のやり方は、当然ながら、東南アジアの各国政府ならびに各国の国民に中国に対する不信感を持たせることになりました。

文化大革命が終わる一九七〇年代後半になると、中国は華僑・華人の現地化を奨励し、二重国籍は認めないという方針を取ります。また、中国は東南アジアに対する内政不干渉も宣言します。これは一九五〇年代の「平和共存」時期の路線の復活です。さらに、中華民国（台湾）を支持している華僑や華人を、団結と教育によって中国側に引き付けるということも打ち出しました。

ただ、一九七八年三月に中国の新憲法が発布されますが、そこでは華僑の権利や利益を保護するだけでなく、中国国内に住む帰国華僑の待遇改善も保証するという華僑重視の姿勢も明確にしています。文化大革命の時期に疲弊した国内経済の立て直しが始まったばかりですので、中国は国内経済の建設のために海外の華僑・華人の投資や送金を求めていました。つまり、揺れ動く中国の華僑・華人政策がまだ続いていたとも言えると思います。

一九八〇年代になると、これまで揺れ動いてきた華僑・華人政策が大きく変わります。中国の対外経済開放が本格化するからです。この改革・開放政策の進展とともに、中国と東南アジア諸国との経済関係が飛躍的に増大します。もはや華僑・華人を中国の対外戦略の道具にする必要がなくなっていきました。

一九八九年六月、天安門事件が起こりました。人権擁護の立場から中国に経済制裁を加えようとした西側諸国に対して、中国との経済関係が増大していた東南アジアの国々は、内政不干渉の立場で中国との友好関係を維持しました。このような東南アジア諸国の姿勢が、一九九〇年の中国とインドネシア、中国とシンガポールの国交樹立に道を開きます。

なぜ中国とインドネシア、シンガポールの国交樹立がこのように遅れたのかを、少しお話します。冒頭に申し上げたように、インドネシアは一九五〇年に中国と国交を樹立したのですが、一九六五年九月三〇日に起こった事件をきっかけに、インドネシアの国内政治と外交政策の大転換が起こります。それまで中国と友好関係を維持し、大きな力を持つ軍とのバランスを取るためにインドネシア共産党勢力とも友好関係を持っていた初代スカルノ大統領が政権の座から追われ、代わって大統領となったスハルトは共産党勢力を武力で壊滅させました。スハルト新政権は反共・親欧米政策を掲げ、インドネシアは中国と国交を断絶したのです。

一方、小さな都市国家シンガポールは国民の四人に三人が中国系という、東南アジアのなかでは異質な国です。すでに申し上げたように、中国は東南アジア各国在住の華僑・華人に祖国への投資や送金を奨励したり、華僑・華人を通して革命を輸出しようとするなど様々な画策を行ってきました。それで、華僑・華人人口の多さゆえにシンガポールは「第三の中国」という疑惑の眼で見られることがありましたし、特にマレーシアやインドネシアのように国内のマレー系と華人との間に深刻な経済格差や国民統合問題を抱える国の場合には、それがシンガポールとの関係に跳ね返ってくることは避けられませんでした。そういう近隣諸国の懸念を配慮して、シンガポールは「東南アジアで最後に中国と国交を結ぶ国になる」と宣言していました。一九九〇年八月、インドネシアが中国と国交を樹立（回復）したのを見届けて、シンガポールはその年の一〇月に中国と国交を樹立しました。これで東南アジアの非共産圏の国々における共産党勢力の支援の問題、華僑・華人の問題は、ほぼ解消したということになります。

脅威3：アジアのスーパーパワーとしての中国

最後に、アジアの大国、特に近年の巨大化する中国と向き合う東南アジアというお話をします。表2は二〇一八年のASEAN加盟一〇カ国の貿易相手国トップ三を示しています。ASEAN加盟国一〇カ国のうち、インドネシア、マレーシア、シンガポール、ミャンマー、タイ、ベトナムの六カ国において、中国が輸出・輸入の合計で第一位です。その他のＡＳＥＡＮ加盟国でも、中国は貿易相手国の第二位あるいは三位で、東南アジアの国々にとって中国はとても重要な貿易相手国であることがわかります。

　貿易だけではありません。中国は観光や投資においても重要な国で、カンボジア、ラオスにとって中国は最大の投資国です。中国の「一帯一路構想」とアジアインフラ投資銀行へのＡＳＥＡＮ諸国の期待は大きく、二〇一四年のアジアインフラ銀行設立の覚書締結には、ＡＳＥＡＮ加盟国すべてが参加・調印しました。中国からの投資による大型プロジェクト契約が次々と結ばれ、高速道路、空港、地下鉄やホテル、カジノまで建設されていますし、国会議事堂の建設を中国が請け負った国もあります。

　一方、この密接な経済関係と同時並行して、いくつかのＡＳＥＡＮ加盟国は中国と南シナ海問題で対立しています。南シナ海問題とは、南シナ海の島や岩礁に対して、中国と台湾、フィリピン、ブルネイ、マレーシア、ベトナムが領有権を主張している問題です。南シナ海の沿岸国であるこれらの国々の排他的経済水域と中国が領有を主張する海域が重なっていることが対立の争点になっています。「南シナ海の地図」（三八ページ）に示すように、中国は南シナ海のほぼ全域を囲む「九段線」（中国の南から延びる舌のように見える線）と

表2　ＡＳＥＡＮ加盟10カ国の貿易相手国（輸出と輸入の合計金額）二〇一八年

国	1	2	3	国	1	2	3
ブルネイ	日本	シンガポール	中国	カンボジア	タイ	中国	ベトナム
インドネシア	中国	シンガポール	日本	ラオス	タイ	中国	ベトナム
マレーシア	中国	シンガポール	日本	ミャンマー	中国	タイ	シンガポール
シンガポール	中国	マレーシア	米国	タイ	中国	日本	米国
フィリピン	日本	中国	米国	ベトナム	中国	米国	韓国

出典：日本国外務省「国・地域情報」２０１８年など

呼ばれる境界線を引き、その内側の岩礁を埋め立てるなどの実効支配を強化しています。

ただ、ＡＳＥＡＮ加盟国がこの南シナ海問題で一枚岩かというと決してそうではありません。ベトナムとフィリピンはこの中国の実効支配の影響を直接受けているために、中国を強く非難し、ベトナムは中国と軍事衝突も起こしました。マレーシアやインドネシアは中国に対して穏健な態度だったのですが、中国の実効支配が南下して九段線を越えた辺りまで中国の漁船が侵入し始めたために警戒を強めつつあります。一方で、係争国ではないカンボジアやラオスは、対中経済関係を重視して、中国に配慮する姿勢を見せています。

ＡＳＥＡＮと中国は、領有権をめぐる紛争の平和的解決を目指して二〇〇二年に「南シナ海に関する関係国の行動宣言」を結び、敵対的行動の自制などを通じて信頼醸成を高めていくことを約束しました。ただ、この宣言に基づいてどのように具体的な行動規範の策定をするのかが合意できず、二〇〇二年以降ずっと断続的に話し合われてきています。

一方、中国は二〇一〇年に南シナ海を「中国の核心的利益の一部であり、いかなる介入も許さない」という立場を表明しました。核心的利益ですので、中国にとって南シナ海は台湾、チベット、ウイグルや香港と同じくらい重要で、絶対に譲ることはできないという立場です。二〇一四年以降、中国は「九段線」の中の人工島や軍事施設の建設を急ピッチで進めるようになりました。

この状況に対してフィリピンは二〇一三年、中国の行為は国連海洋法に抵触するとしてオランダのハーグにある常設仲裁裁判所に提訴しました。二〇一六年に常設仲裁裁判所は、中国が領有してきたとする南シナ海のほぼ全域を含む九段線の主張に歴史的な根拠はない、としてフィリピンの主張を全面的に認める決定をしました。これは日本の新聞にも大きく報道されましたので、覚えている方もいらっしゃると思います。当然この判断に中国は猛反発し、常設裁判所にこの問題を判断する権利も権限もないと主張しました。

常設裁判所の判断をＡＳＥＡＮの共同声明に入れようとしたのがフィリピンとベトナムで、カンボジアは

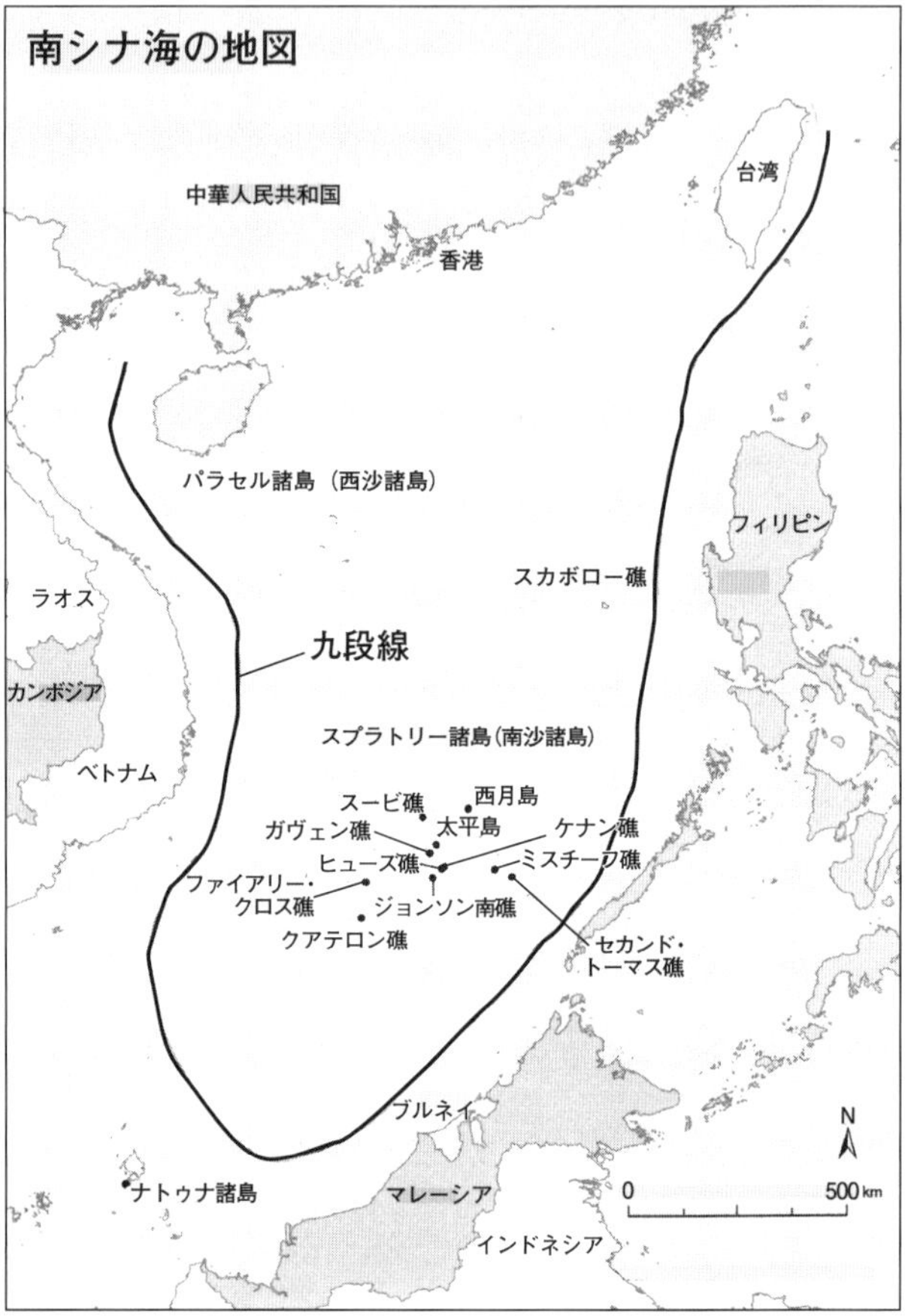

南シナ海の地図

出典：鈴木早苗「南シナ海問題と ASEAN（２）」『アジアの出来事』（2016 年 9 月、日本貿易振興機構アジア経済研究所）に掲載されていた地図を基に筆者が作成。

強く反対しました。インドネシアは各国に自制を呼びかけたと言われています。このようにＡＳＥＡＮ内部での見解は分かれたため、最終的に裁判所判断へのＡＳＥＡＮとしての立場や方針を示すことは見送られ、各国ベースで見解を発表することになりました。シンガポールとミャンマーは「裁判所の判断を留意する」と表明するにとどめました。

一方、裁判所には判断はできても、これを行使する権限はありません。ですので、この裁判所の判断はまったく無意味だったという意見もありますが、そうでもなくて、この後、中国は二〇〇二年の南シナ海に関する関係国の行動宣言に基づいた具体的な行動規範のルール作りに応じるようになっています。

ただ、ルール作りのために中国は交渉の場に出てきてはいますが、一方で南シナ海の実効支配を強めているという状況は変わっていません。中国はＡＳＥＡＮ内の意見の対立をみながら、南シナ海問題を自国に有利に進めようとしているのが現実だと思います。

おわりに

二〇一八年、中国とASEANは初の合同軍事演習を行いました。これに参加したのは、フィリピン、タイ、シンガポール、ベトナム、ブルネイです。フィリピンとベトナムは南シナ海問題の最前線の国で、フィリピンは常設仲裁裁判所に提訴もしました。なぜフィリピンやベトナムも合同軍事演習に参加しているのでしょうか。

フィリピンでは二〇一六年に成立した新政権が中国との経済関係に配慮して裁判所の判決を棚上げしたということもありますが、ベトナムもフィリピンも中国と正面から対抗しても「勝ち目」はないと考え、対立しつつもできるだけ中国と交渉して妥協を探ろうとしていると思われます。

つまり、ASEANの国々は中国との経済交流を拡大しつつ、同時にアメリカや日本など他の複数国との連帯・連携も強化して、何とか自立を模索しようとしています。例えば、インドネシアはアメリカと包括的経済パートナーシップを二〇一〇年に結びました。インドネシアは日本、韓国、インドとも同様の協定を結んでいます。シンガポールは一九九八年から自国の海軍基地でアメリカ空母や戦艦の修理や物資の補給を行っていますが、二〇一二年から定期的な戦略対話を開始して、アメリカとの合同軍事演習、それから軍人の交流なども活発化させています。

シンガポールについて少しだけ補足いたします。すでにお話ししましたように、シンガポールは人口の七四％が中国系です。近年中国がシンガポールの最大の貿易相手国になるにつれて、中国はシンガポールを「格下の親戚国」のように見なすことが目立ってきました。南シナ海問題ではシンガポールは中立の立場ですが、南シナ海での航行の自由を強調し、中国とASEANがなるべく早く行動規範を採択すること、関係国は国連海洋法条約を含む国際法を遵守するよう求めてきました。このような発言に神経を尖らせた中国は、二〇一六年末に台湾での合同軍事演習を終えたシンガポール国軍の装甲車両を香港で押収し、中国の新聞はシンガポールを「裏切り者」と非難したという事件がありました。巨大化する中国が東南アジアの地政学を変化させつつある中で、「格下の親戚国」とみなされるシンガポールが中国との良好な関係を維持するには細心の注意を払わねばならないことを、事件は痛感させることになりました。

マレーシアとミャンマーは近年中国と結んだ大型プロジェクトを見直すなどもしています。ミャンマーは日本、インド、タイと大型プロジェクトも進めています。ラオスは中国が最大の投資国、援助国で、ラオスの経済は中国で支えられているとまで揶揄されています。が、そのラオスでさえも、隣のベトナムとの特別な関係というものを確認して、何とかベトナムと連携を強化しながら、ラオスの中国からの自立を探っていこうとしています。

つまり、東南アジアの国々は中国の台頭を仕方がないとして受け入れて、その経済力を活用する一方で、アメリカや日本、インドなど複数の国々とのさまざまな戦略的・政治的・経済的な連携も強化して、それぞれの国の自立を確保しようと試行錯誤しているのではないかと思います。

ご清聴ありがとうございました。

【参考文献】

清水一史・田村慶子・横山豪志編（二〇一八）『東南アジア現代政治入門（改訂版）』ミネルヴァ書房。
田村慶子（二〇一六）『シンガポールの基礎知識』めこん。
毛里和子（一九七七）「中国とＡＳＥＡＮ」岡部達味編『ＡＳＥＡＮをめぐる国際関係』日本国際問題研究所。
山影　進（一九九一）『ＡＳＥＡＮ：シンボルからシステムへ』東京大学出版会。

欧州から見た中国——対立と協調の狭間で

武蔵野学院大学国際コミュニケーション学部　林　大輔

はじめに

ただいまご紹介いただきました林と申します。私からは、ヨーロッパから見た中国についてお話ししたいと思います。ヨーロッパといっても、いろいろなアクターがおりますので、その中でどういうところに焦点を当てるかということがまず問題になってきます。まずヨーロッパときいて、皆さんが思い浮かべるのは何でしょうか?おそらく多くの方々が、イギリスやフランスやドイツのような、ヨーロッパの主権国家を思い浮かべるでしょう。まずはこれに焦点を当てたいと思います。

二つ目に、ＥＵ（欧州連合）です。ＥＵとは、現在ヨーロッパの二八カ国（講演当時：二〇二〇年一月末にイギリスが離脱し、現在は二七カ国）が加盟している地域機構であり、イギリスやフランスやドイツのような主権国家と異なり、ＥＵ自身も外交のアクターとして捉える必要があります。

それに加えて三つ目に、ここ最近現れてきたのが、中東欧諸国一六カ国と中国との間で創設された「16＋1」（Sixteen plus one）と呼ばれる新しい地域協力枠組です。この「16＋1」は、後ほどお話をしますけれども、中国のイニシアチブによってつくられたということもあり、中国の影響が色濃く出てきています。今回はこれらに焦点を当ててお話ししたいと思います。

EUと中国の関係

まずはEUと中国との関係についてです。EUという地域機構は一九九三年に発足しました。その前までは、EC（欧州共同体）という名前でしたが、ECの時代までは、中国との関係は経済・通商問題が中心でした。一九七〇年代初頭よりECは「共通通商政策」と呼ばれる政策が取られるようになり、それまでEC加盟国各国が個別に締結していた対外通商条約を、今後はECが加盟国を代表して一手に引き受けて行うようになったのです。それを受けて、ECと中国の間でも、一九七八年に最初の通商協定が締結され、また一九八五年には通商経済協力協定と呼ばれる、より包括的な通商協定が締結されています。

このようにEUと中国の間の経済・通商関係の基盤となる通商協定が整備された後に、EUと中国の間の貿易は次第に拡大してゆきます。特に中国が一九七八年より改革開放へと舵を切り、また一九九〇年には冷戦が終結したことに伴い、一九九〇年代以降貿易額は顕著に伸びてゆきますが、大きく拡大していったのは二〇〇一年に中国がWTOに加盟して以降です。二〇〇一年にWTOに中国が加盟する前までは、EUにとってアジアの主要な通商相手は日本でした。しかしながら、二〇〇一年に中国がWTOに加盟してから中国とEUの間の貿易額は雪ダルマ式に増えてゆき、ついに二〇〇二年から二〇〇三年にかけてEU・中国間の貿易額は日・EU間の貿易額を抜き去りました。以後、EU・中国間の貿易は加速度的に拡大している一方で、日本とEUの間はさほど伸びておらず、毎年のようにわずかな増減を繰り返しています。

そして一九九三年にECからEUへと発展的に体制が変わったことで、EUは中国との経済関係のみならず、外交関係全体を発展させようと考えてゆきます。一九九五年には初のEUの対中国関係基本文書である「中欧関係の長期的政策」という政策文書が策定され、中国をアジアにおけるEUの重要な相手として認識するようになりました。その後一九九八年にEUは新たな対中国関係基本文書「中国との包括的パートナーシップの構築」を発表し、またこの年からEU・中国間で定期首脳協議（サミット）が毎年開催されること

表１　EUの対中・対日貿易額（単位：百万ユーロ）

	対中輸出	対中輸入	対日輸出	対日輸入
1980年	2,146	1,749	6,200	13,161
1990年	7,183	4,930	29,695	46,097
2000年	33,618	41,610	50,841	85,052
2010年	127,061	234,954	50,128	65,705
2018年	209,906	394,698	64,754	70,471

出典：欧州委員会

となりました。そのためＥＵは中国との関係を「包括的パートナーシップ」という重要性を持つ関係として位置付けています。なおＥＵ・中国定期首脳協議（サミット）には、ＥＵの行政機関である欧州委員会の委員長とＥＵ全加盟国首脳会議である欧州理事会の議長がＥＵを代表して、そして中国側は国務院総理（首相）が中国を代表してそれぞれ参加しています。

さらに二〇〇三年には、ＥＵ・中国双方が新たにＥＵ・中国関係の基本文書を発表し、ＥＵ・中国関係は「包括的戦略パートナーシップ」というさらに高次の重要性を持つ特別な関係として位置付けられるようになります。中国の温家宝総理は、ＥＵ・中国間の「包括的戦略パートナーシップ」とは何を意味しているのかについて、次のように述べています。すなわち、「『包括的』とは協力が全ての面にわたり広範囲かつ多層的であるべきこと」であり、「『戦略的』とは、協力が長期的で安定したものであるべきで、中国・ＥＵ関係のより大きな姿に関わるものであること」で、そして「『パートナーシップ』とは、協力が対等の立場に基づき、相互に利益がありウィン・ウィンの関係であること」を意味すると、非常に明快なイメージを以って描き出していました。

この二〇〇三年から二〇〇五年まではＥＵ・中国関係の「蜜月期」と呼ばれています。この期間は、イラク戦争をめぐってＥＵとアメリカが対立していた時期です。もちろんＥＵ加盟国内にもイギリスやスペインなどのようにアメリカのイラク戦争を支持していた国もありましたが、フランスやドイツなどはジョージ・W・ブッシュ米政権の進める単独行動主義や先制攻撃論に反対していました。それと同様に中国も、ブッシュ政権のイラク戦争に反対しており、このようなアメリカに対する反発からEUと中国は互いに接近するようになり、二〇〇三年のEU・中国間「包括的戦略パートナーシップ」の形成に至っています。またこの期間は、EU版のGPS（全地球衛星航法システム）である「ガリレオ」計画に中国も参加を表明したり、核不拡散や気候変動に関してEU・中国首脳間で共同宣言を発表するなど、双方の協力内容が非常に高度なものとなってきました。そのような流れの中で、EU内では一九八九年天安門事件によるEUの対中武器禁輸制裁を解除しようとする動きが出てきました。特にフランスとドイツは対中武器禁輸解除に賛成していたのに対し、スウェーデンやデンマークなどの北欧諸国は反対していました。またEUの立法機関である欧州議会は、規範的な立場を重視する傾向が強く、制裁解除に強硬に反対していました。その後二〇〇五年に中国が「反分裂国家法」を制定したことで、EUは制裁解除の検討が適切な時期ではないとして、制裁解除は見送られることとなりました。

その後、二〇〇七年からはEUと中国の間で「パートナーシップ協力協定」という両者間でのより包括的な協力関係を規定する協定交渉を行ってきましたが、欧州企業に対する中国の技術移転の強要や、国家による経済活動への介入などの問題などをめぐって対立し、最終的に二〇一一年に交渉は頓挫しました。その後二〇一三年より、双方間での投資を促進するための「包括的投資協定」交渉がスタートしています。この投資協定交渉は現在まで大変長い時間がかかっていますが、現在では二〇二〇年までに締結しようということが、二〇一九年四月のEU・中国サミットで合意されています（講演当時：二〇二〇年一二月にEU・中国包括的投資協定は両者間で大筋合意）。中国側としてはこれを梃子に、将来のEU・中国間のFTA（自由貿易協定）交渉へと結び付けたいと考えているのに対し、EU側はそこまでの意欲はなく消極的です。なぜ中国はEU

との間でＦＴＡまで持っていきたいと考えているかというと、アジアでは韓国と日本がすでにＥＵとＦＴＡを結んでいるからです。特に、韓国はＥＵと二〇一〇年にＦＴＡを締結したことで、日本や中国に先んじてＥＵとの貿易を促進してきたため、中国だけではなく日本も焦っていました。韓国がＥＵとＦＴＡを結んだために、日本製品がヨーロッパで売れなくなるという危機感から、日本もＥＵと二〇一三年よりＦＴＡ交渉を進めてようやく二〇一八年に「日・ＥＵ経済連携協定」（日・ＥＵ ＥＰＡ）が締結され、二〇一九年二月から それが発効しております。仮に中国が二〇二〇年に投資協定を締結できたとしても、ＦＴＡ交渉開始から締結まではまだまだ相当の時間がかかるでしょう。

また先ほど二〇〇三年から二〇〇五年まではＥＵ・中国関係の「蜜月期」だったという話をしましたが、二〇一三年から二〇一五年も第二次「蜜月期」とも呼ぶべき、両者間の協力が非常に深化した時代でした。まず二〇一三年のＥＵ・中国サミットでは「ＥＵ・中国協力二〇二〇戦略計画」という、二〇二〇年までのＥＵ・中国間の協力に関する包括的な中期的戦略計画が発表されました。また二〇一四年三月には習近平が中国国家主席として初めてＥＵ本部を訪問し、首脳会談を行ったことは、中国がいかにＥＵを重要視しているかを示すものでした。そして習近平がＥＵ訪問などを含めた訪欧から帰国した直後の二〇一四年四月、中国は新たに「中国の対ＥＵ政策文書」という政策文書を発表し、一〇年半ぶりに中国は対ＥＵ基本政策の見直しを行ったのです。

そしてこの第二次「蜜月期」が絶頂を迎えたのは、二〇一五年三月に中国主導のアジアインフラ投資銀行（ＡＩＩＢ）に、欧州諸国二〇カ国（うちＥＵ加盟国一四カ国）が参加を表明したことでした。それまでＡＩＩＢに参加表明をしていた国々はアジアや中東の発展途上国ばかりで、日本やアメリカはガバナンスや透明性の不安などを理由に慎重姿勢を取っていたのに対し、三月一二日にイギリスがＧ７及びＥＵ加盟国の中で初めて参加表明したことを皮切りに、フランス・ドイツ・イタリアなど欧州諸国も次々に参加を表明することとなったのです。また欧州諸国は、二〇一三年より構想が発表された「一帯一路」に対しても熱い視線を送っており、ギリシャの財政危機に端を発したユーロ危機などに見舞われてきたEU域内に中国からの投資が回復の起爆剤となることに期待感を高めていたのです。

しかしながら、二〇一六年以降は、再び対立の方向へと磁場が進んでいきました。この変化はなぜかというと、一つには二〇一六年のWTOにおける中国の市場経済国認定問題があります。中国は二〇〇一年一二月にWTOに加盟して以来一五年間、輸出品のダンピング率の算出根拠となる価格を、自国の国内価格ではなく第三国の国内価格を基準とすることで、ダンピング認定でより不利な条件となる「非市場経済国」として加盟することを受け容れてきました。そのため中国は欧州や日米に対し、WTO加盟から一五年が経過する二〇一六年一二月までに中国を「市場経済国」と認定するよう求めてきました。もしも中国が「市場経済国」と認定されれば、ダンピング率の算出は中国の国内価格が基準となり、中国はダンピングと認定されにくくなります。ですが二〇一六年五月に欧州議会が、中国は「市場経済国」認定に必要な要件を満たしていないとする決議を圧倒的多数で可決したため、EUは中国を「市場経済国」として認定しないという方針を公式に決定しました。これに対して中国は猛然と反発し、EUと中国の関係は非常に険悪なものとなっていきます。二〇一六年と二〇一七年のEU・中国サミットでは初めて共同声明が出せないほど悪化しました。

第二に、中国の「一帯一路」構想に対する熱気が次第に冷めてゆき、それに反比例して中国に対する不信感が徐々に増大していったことが挙げられます。後に「16＋1」の箇所でも詳述しますが、中国は「一帯一路」構想を基に、高速鉄道・道路建設や港湾管理やエネルギー開発など、EU加盟国と数多くのインフラ整備事業を契約してきました。ところが、これらの事業が当初約束されたとおりに実施されなかったり、遅延が発生するなどの問題が次第に散見されるようになりました。また中国は、最先端技術を持つ欧州企業に対して積極的に買収攻勢を仕掛け、その上で中国への技術移転を強要するといった事案も出てきています。そのため、欧州側が中国からの投資を警戒するようになったのです。

　このような中国の「一帯一路」構想に対する欧州側の懸念について、中国研究に関する欧州シンクタンクネットワーク（ETNC）によれば、次のような懸念が拡がっていることが指摘されています。すなわち、①経済における中国政府の役割に対する懸念、②相互主義や公平な競争の欠如、③国内競争や技術的なリーダーシップ、④安全保障に関わる重要インフラや機密性の高い技術の流出に対する不安、⑤投資を政治的・地政学的な影響力や欧州内の分断の源泉として利用していることへの懸念、⑥より幅広い規制への懸念、⑦中国の投資を求める欧州内での競争、⑧中国からの「約束疲れ」の増大、などです。

　二〇一六年六月にEUは、新たな対中国戦略文書「EUの対中国新戦略の要素」を発表しました。この中でEUは、中国は世界的な影響力が拡大するにつれて、アジア地域においてはより示威的になっているとの認識を示し、EUは中国に対してEU加盟国間で統一した立場で対峙する必要があると訴えました。さらに二〇一九年三月には、EUが「EU・中国戦略概観」を発表し、EUにとって中国とはどういう相手なのかについて多様なイメージを描き出しています。すなわち、中国はEUにとって緊密に連携すべき「協力パートナー」であり、また利益のバランスを見出す必要のある「交渉上のパートナー」でもあり、技術的なリーダーシップを追求する「経済的な競争相手」でもあり、さらには異なるガバナンスモデルを推進する「体制上のライバル」（systemic rival）でもある、と位置付けています。

　ここまでEUと中国の関係の発展について見てきましたが、ではEUにとって中国とはどのような相手なのでしょうか。第一に、中国はEUにとっては二番目に大きな貿易相手であり、輸入は一位、輸出は二位となっています。ところが、それと同じくらい重要なこととして、中国はEUにとって最大の貿易赤字相手でもあるということです。二〇一八年の対中輸出と対中輸入を見ると、貿易赤字は一八四八億ユーロで、日本円に換算すると約二四兆一千億円にものぼります。繰り返しますがこの二四兆一千億円というのは、二〇一八年一年間のEUの対中国貿易「総額」ではなく対中国貿易「赤字額」です。単一の相手国との貿易赤字額だけで一年間で二四兆一千億円にものぼるというのは、いかにEU・中国間の貿易不均衡が甚大であるか、ということがイメージできるかと思います。かつてEUにとって最大の貿易赤字相手は日本であり、一九七〇年代から八〇年代にかけてECは日本との間で激しい貿易摩擦を繰り広げていました。ですが、それでも当時のECの対日貿易赤字額は年間一〇〇億~二五〇億ユーロ程度でした。現在はもちろん貿易総額自体も大きく上がっているとはいえ、それと比べても現在のEU・中国間の貿易不均衡がいかにすさまじいものであるかが窺えるかと思います。

第二に、EUにとって中国は安全保障分野における協力相手でもあります。EUと中国はともに国連安保理常任理事国や核保有国を従える国際政治上の伝統的なパワー同士でもあり、これまでも国際安全保障問題に関していくつか重要な協力を行ってきました。例えば二〇〇三年のイラク戦争では、EUと中国はともにアメリカのジョージ・W・ブッシュ政権の単独行動主義や先制攻撃論に反発することで互いに接近し、同年EUと中国は両者間の関係を「包括的戦略パートナーシップ」というより高次の重要性を持った関係として位置付けました。また二〇一三年からのイラン核協議では、EUはイランとともに共同議長を務め、中国もまた国連安保理常任理事国としてイラン核協議に参加し、最終的に二〇一五年にイラン核問題に関する包括的共同行動計画（JCPOA）をまとめ上げました。さらにEUが主導しているソマリア沖での海賊掃討作戦「アタランタ作戦」に中国も二〇〇九年より参加しており、海賊対処を通じたEU・中国間の軍事協力が積み重ねられています。

第三に、EUにとって中国はグローバル・イシューをめぐる協力相手でもあります。グローバル・イシューとは、気候変動や環境汚染対策・食糧問題・難民問題・感染症対策など、国境を越えて世界大で共有されている重要な問題群のことを指し、「地球規模課題」と訳されることもあります。EUと中国はともに国際政治上の重要なアクターであることから、グローバル・イシューをめぐっても様々な協力がなされています。その代表的な事例が、二〇一五年の気候変動に関するパリ協定です。特に二〇一七年七月にドナルド・トランプ米大統領がアメリカのパリ協定からの脱退を表明したその日のうちに、EUと中国はパリ協定を推し進めるために主導的な役割を果たすとの共同声明を発表しました。このように、政治的な問題というよりもむしろ技術的・実務的な争点においては、EUはグローバル・イシューをめぐる国際的なルールに中国を関与させるよう促しています。

最後に、EUにとって中国は異なる価値観を持つ相手であり、ある種の競争相手や対立する相手（ライバル）でもあります。よくよく考えてみますと、西洋文明の中心で自由で開かれた多元的な民主主義政治体制や資本主義経済体制を持つEUと、東洋文明の中心で共産党一党支配の下で共産主義体制や国家資本中心の経済体制を敷いている中国は、極めて性格の異なるパートナー同士でもあります。そのため、特に規範をめぐる問題ではEUと中国の間で対立する場面も数多くあります。例えば先に述べた一九八九年の天安門事件もそうですし、南シナ海問題もそうです。中国はフィリピンやベトナムなど東南アジア諸国と南シナ海における島々をめぐって領有権争いを繰り返してきましたが、二〇一〇年代に入ってから中国は積極的に海洋進出を行うようになり、いくつかの島々で滑走路などを建設することで中国による支配を既成事実化しています。それに対して二〇一六年七月一二日に国連海洋法条約の規定により設置された仲裁裁判所が、中国の南シナ海における領有権の主張には根拠がないとする裁定を出しました。折しもこの日にはEUと中国の間では定期首脳協議（サミット）が開催されており、EU側は法の支配を尊重する立場から、中国に対して仲裁裁判所の裁定を受け入れるよう迫りましたが、中国側は激しく反発し、最終的にサミットの共同声明を出すことなく終わりました。このように人権や民主主義・死刑制度・法の支配・市場経済・開放性・透明性などの規範の問題をめぐって、ＥＵと中国は激しく対立しています。

このようにＥＵにとって中国は、対立から協力まで非常に多面的な顔を持つ相手でもあると言えるでしょう。先ほど述べた、二〇一九年三月のＥＵの対中国戦略文書「ＥＵ・中国戦略概観」では、ＥＵにとって中国とは「協力パートナー」であり「交渉上のパートナー」でもあり、「経済的な競争相手」でもあり、さらには「体制上のライバル」でもあるという多様な中国イメージを描き出しています。このようにＥＵにとって中国とは、時にはともに協力を推進してゆくべき相手であり、またある時には技術的・経済的に競合する相手でもあり、さらには全く異なる価値や規範を推進しようとするライバルでもあるのです。

イギリスと中国の関係

次にイギリスと中国の関係についてお話ししたいと思います。イギリスは一八四〇年アヘン戦争以来、中国に最初に進出してきた欧米列強諸国であり、戦前までは中国に対して最も大きな経済権益を持つ国でした。戦後一九四九年に中華人民共和国が成立してから三カ月後の一九五〇年一月には、イギリスは中国共産党政権を承認しており、西側自由主義陣営の大国の中でも最も早く中国を承認していました。一九七九年には華国鋒が中国の最高指導者として初の訪英を行った後に、一九八二年にはマーガレット・サッチャーが英首相として初めて中国を訪問し、鄧小平や趙紫陽と香港返還をめぐって激しい交渉を行いました。またイギリスは一九九七年まで香港植民地を統治しており、中国への返還前に香港に民主主義体制を根付かせてきました。

一九九〇年の冷戦終結と一九九七年の香港返還後に、英中両国はポスト冷戦及びポスト植民地主義の新たな英中関係を模索するようになります。その結果、一九九八年には英中首脳が相互訪問を行い、一九九八年一〇月の英中首脳会談にて英中関係は「強化された包括的なパートナーシップ」として位置付けられるようになりました。また二〇〇四年には英中首脳会談で「包括的戦略パートナーシップ」として位置付けられ、

郵 便 は が き

料金受取人払郵便

福岡中央局
承 認

18

差出有効期間
2026年２月
28日まで
(切手不要)

８ １ ０-８ ７ ９ ０

156

福岡市中央区大名
二—二—四三
ELK大名ビル三〇一

弦 書 房

読者サービス係 行

通信欄

年　　月　　日

このはがきを、小社への通信あるいは小社刊行物の注文にご利用下さい。より早くより確実に入手できます。

お名前

（　　歳）

ご住所

〒

電話

ご職業

お求めになった本のタイトル

ご希望のテーマ・企画

●購入申込書

※直接ご注文（直送）の場合、現品到着後、お振込みください。
送料無料（ただし、1,000円未満の場合は送料250円を申し受けます）

書名	冊
書名	冊
書名	冊

※ご注文は下記へＦＡＸ、電話、メールでも承っています。

弦書房

〒810-0041　福岡市中央区大名2-2-43-301
電話 092(726)9885　FAX 092(726)9886
URL http://genshobo.com/　E-mail books@genshobo.com

表２　英・仏・独の対中貿易額（単位：百万ユーロ）

	英対中輸出	英対中輸入	仏対中輸出	仏対中輸入	独対中輸出	独対中輸入
2000 年	2,391	14,077	3,424	8,158	9,459	17,126
2005 年	3,986	24,627	6,297	14,480	21,165	35,121
2010 年	8,319	37,908	11,064	23,270	53,660	63,003
2015 年	24,799	55,158	17,932	27,620	71,918	69,064
2018 年	23,365	53,320	20,851	29,369	93,648	75,503

出典：欧州統計局

英中間では首脳会談が定例化されるようになりました。このように、英中関係は一九九八年「包括的パートナーシップ」、二〇〇四年に「包括的戦略パートナーシップ」へと発展していますが、これはＥＵ・中国関係が、一九九八年「包括的パートナーシップ」、二〇〇三年「包括的戦略パートナーシップ」へと発展してきたのと符合しています。

英中間では、定期首脳協議（サミット）を頂点とし、その下に閣僚級から高官級や実務級に至るまで、様々な政策領域における定期協議枠組が創設されてきました。例えば、二〇〇五年からは英中戦略対話が創設され、当初は外務副大臣・外務審議官級でしたが、二〇一〇年より外相級の定期協議枠組へと拡大しています。また二〇〇八年からは英中経済・金融対話という財務相・副首相級の定期協議枠組が開始されています。さらに教育・保健担当閣僚級の定期協議枠組として英中人的・文化交流対話や、エネルギー・産業閣僚級の定期協議枠組として英中エネルギー対話など、様々な定期協議枠組が積み重ねられています。

また経済・通商関係について見てみますと、イギリスの対中国貿易は輸出額・輸入額ともに着実に増加してきていることが窺えます。二〇〇〇年と比べると、二〇一八年では輸出額は約一〇倍、輸入額は約四倍にまで拡大していますが、他方で貿易赤字額も雪ダルマ式に増え続けており、二〇一八年のイギリスの対中貿易赤字額は二九九・六億ユーロ、日本円で約三・九兆円にものぼります。イギリスにとって中国は、三番目に大きな輸入元であり、また六番目に大きな輸出先でもあり、さらに二番目に大きな投資先でもあります。他方で中国にとってイギリスは、欧州諸国の中では、オランダ・ドイツに次いで三番目に大きな輸入元であり、またドイツに次いで二番目に大きな輸出先でもあり、さらに最大の投資先でもあります。

このような流れの中で、最近の英中関係で最も関係が良好となったのが二〇一五年でした。この年はまず三月に、先ほどお話ししました中国が主導するＡＩＩＢの創設にイギリスがＧ７及びＥＵ加盟国の中で初めて参加を表明しました。このことが、後のフランス・ドイツ・イタリアなどの他の欧州諸国のＡＩＩＢ参加を生み出す流れを作った決定的な契機となったのです。

さらに一〇月に習近平はイギリスを国賓訪問しました。これまで中国の国家主席でイギリスを訪問したのは江沢民（一九九九年）と胡錦濤（二〇〇五年）がいましたが、ともにイギリス以外にも数カ国外遊する中での訪英だったのに対し、習近平の訪英はイギリスのみの単独訪問であり、習がこの訪英をいかに重視していたかを示すものでした。この習近平の訪英において、英中首脳は総額約四〇〇億ポンド（約七・四兆円）にものぼる巨額の規模の合意を締結しました。その内容は、①原発（英東部ブラッドウェル原発ならびに南西部ヒンクリーポイントC原発への中国出資）や、②高速鉄道（英高速鉄道二号線建設への中国参加）、③エネルギー（液化天然ガス（ＬＮＧ）や海外油田の共同開発）、④通貨（人民元建て手形の初の海外市場での発行）など多岐にわたるものでした。このような巨大な合意を成し遂げた両国首脳は、英中関係を「二一世紀に向けたグローバルな包括的戦略パートナーシップ」と位置付け、英中関係は「黄金時代」に入ったと高らかに宣言したのです。

しかしながら翌年二〇一六年六月に、イギリスはＥＵ残留・離脱をめぐる国民投票を行い、ＥＵ離脱の方向へ舵を切ることとなりました。以後イギリスはＥＵを離脱するという流れで現在動いていますが（講演当時：二〇二〇年一月末にイギリスは正式にＥＵを離脱し、現在はＥＵ非加盟国）、イギリスがＥＵを離脱することによって英中関係にどのような影響を与えるかということについて、次の三つの点に絞ってお話ししたいと思います。

第一に、イギリスのEU単一市場からの離脱です。EUの単一市場（single market）とは何かと言いますと、それまでEU加盟国間でそれぞれ異なっていた市場のルールや規制を統合して、EU域内全体で共通の制度が適用される単一市場を形成し、EU域内での人・モノ・資本・サービスの四つの移動の自由を保証し、域内関税を撤廃しました。そのため、イギリスはEU加盟国としてEUの単一市場に入っていたことにより、中国企業はイギリスをはじめとするEU域内に進出し、そこで作られた製品はEU域内では関税を課されることなく流通することができました。また金融サービスにおいては、EUには「単一パスポート」という制度があります。これは、中国企業がイギリス国内で金融機関や保険会社として認可された場合、他のEU加盟国においてもその認可が適用されてそれらの業務を行うことができる、という制度です。そのため、もしもイギリスがEUから離脱しEUの単一市場から脱退することになれば、在英中国企業は大陸ヨーロッパに自社製品を輸出するときに関税がかかる可能性があります。また金融機関も他のEU加盟国で認可が適用されなくなる可能性があるため、在英中国企業の中には、パリやフランクフルトやオランダなどへ拠点を移転する企業も出てくることが予想されます。これは日本企業も同様の動きを検討しています。

第二に、英中間の将来的な通商協定交渉についてです。先に述べましたように、一九七〇年代初頭にECでは経済統合の一環として「共通通商政策」という枠組を導入し、イギリスなどEC加盟国は対外的な通商協定交渉の権限をECへ移管し、以後はEC・EUが加盟国を代表して対外的な通商協定を締結してきました。そしてECと中国との間には、一九七八年に通商協定が、一九八五年には通商経済協力協定が締結され、イギリスもこれらのEC・中国間の通商協定の枠組の中に組み込まれてきました。ですがイギリスがEUから離脱し、EUの関税同盟からも離脱するということは、EUと中国間の通商協定が今後イギリスには適用されなくなることを意味します。そのため、イギリスはＥＵ離脱後に中国と今後の通商関係を規定する協定交渉を行うことになるでしょう。しかしながらイギリスは一九七〇年代初頭以降約五〇年間、自ら他国と通商協定交渉をした経験がなく、そのための人材も不足しています。現下のＥＵと中国の間の通商協定としては一九八五年の「通商経済協力協定」が依然として基本協定となっていますが、この協定自体も古く、英中間で通商協定交渉を進める場合は現代的な通商協定として大幅に刷新する必要があるでしょう。そのためには本格的な交渉を余儀なくされ、締結するまでに相当の時間がかかることが予想されます。イギリスが早急に中国との通商関係の安定を求めるあまり、中国と安易に妥協しないかが懸念されます。他方でイギリスはＥＵ離脱後には日本とも通商協定交渉を行うこととなると思いますが、現下の日本とＥＵの間には二〇一八年に締結された「日・ＥＵ経済連携協定」（日・ＥＵ ＥＰＡ）がありますので、おそらくはこれを基に交渉を行い、さほど時間はかからないでしょう（講演当時：その後二〇二〇年一〇月に「日英包括的経済連携協定」（日英ＥＰＡ）を締結）。

第三に、外交・安全保障政策について。ＥＵは一九九三年発足時より、共通外交・安全保障政策（ＣＦＳＰ）という枠組を創設し、イギリスを含むＥＵ加盟国間の外交・安全保障政策を調整して、外交・安全保障政策におけるＥＵとしての「単一の声」を打ち出してきました。その意味で、イギリス外交はある程度ＥＵの外交政策の中に組み込まれてきました。イギリスはＥＵに加盟してきたことで、イギリスだけではなくＥＵというより大きな単位を通じて外交上の影響力を行使したり、より大きな外交上のプレゼンスを享受してきました。したがって、ＥＵからの離脱は、イギリスの外交上の独自性を高め得る一方で、イギリスの外交上の影響力の低下をも招きかねません。

ただしこの外交・安全保障分野におけるＥＵ加盟国間の調整と拘束性はさほど強いものではなく、例えばＥＵ加盟国の外務閣僚級の定期協議枠組であるＥＵ外務理事会は、全会一致が原則となっています。そのため、全会一致に至らなかった外交・安全保障問題も数多く、ＥＵ各加盟国は依然として外交政策の裁量が認められています。このことは対中国政策でも同様で、ＥＵ加盟国間では対中国政策をめぐり中国に対して規範の観点から対立的な姿勢を取る国もあれば、利益の観点から中国に対して接近・協力する国も出てきています。

そのような中でイギリスは、ＥＵから離脱した後、どのような外交・安全保障政策のビジョンを構想しているのでしょうか。その一端となるのが、二〇一六年一〇月にテレーザ・メイ英首相が発表した「グローバル・ブリテン」構想という外交構想でした。その骨子としては、①ＥＵとは離脱後もより柔軟かつ強靭な新たな関係を構築する、②イギリスの外交上のネットワークを拡大し、民主主義など価値観を共有する国々との協力を深化させる、③特にスエズ以東・インド太平洋地域でのイギリスの安全保障上のプレゼンスを強化する、というものです。この「グローバル・ブリテン」構想について、中国との関係で重要になってくるのは③の点です。現在イギリスはブルネイに英軍ブルネイ駐屯地を設置していますが、二〇一八年一二月にギャヴィン・ウィリアムソン英国防相は、今後数年でアジアのいずれかにイギリス海軍の新たな基地を設置する予定に言及しており、シンガポールかブルネイが有力候補として挙げられています。また二〇一九年二月には、ウィリアムソン英国防相が、イギリスが現在建造している英空母「クイーン・エリザベス」の最初の任務の一つとして、同空母を建造後にインド太平洋に派遣する意向を表明し、中国はそれに対して非常に神経を尖らせています。

また南シナ海問題に関しても、イギリスは法の支配や航行の自由という規範を非常に重要視し、中国による一方的な現状変化は認めないという立場を取っています。そのため、イギリス自身も南シナ海で「航行の自由」（ＦＯＮ）作戦を行ったり、南シナ海で英米が共同で訓練をするということが起こっています。

このように、イギリスは中国との関係を深化させてきましたが、今後はＥＵ非加盟国として、ＥＵやＥＵ

主要加盟国であるフランスやドイツとも異なる独自の道を模索してゆくことになります。二〇一五年に「黄金時代」とも呼ばれた英中間の「グローバルな包括的戦略パートナーシップ」が、今後も深化してゆくかについては、今後イギリスが経済・通商政策や外交・安全保障分野で中国をいかなる相手として位置付けてゆくかどうかにかかっています。

中東欧諸国一六カ国と中国との関係

最後に「16＋1」（Sixteen plus one）についてお話したいと思います。この「16＋1」というのは、先ほど申し上げたとおり、中国と中東欧諸国一六カ国との間の地域協力枠組です。二〇一一年に「中国・中東欧諸国経済通商協力フォーラム」という多国間会議がハンガリーの首都ブダペストで開催され、この会議で温家宝総理が「16＋1」という地域協力枠組の創設を提唱したことがきっかけです。この提案を受け、二〇一二年に第一回16＋1サミットが開催されたことから正式に発足しました。ですから比較的新しい枠組ですが、中国はこの「16＋1」を活用して、「一帯一路」構想に絡む中東欧諸国向けの様々なインフラ整備への投資や買収などを行っています。

参加国は、EU加盟国一一か国（ポーランド、チェコ、スロバキア、ハンガリー、スロベニア、クロアチア、ルーマニア、ブルガリア、エストニア、ラトビア、リトアニア）と、EU非加盟国五カ国（旧ユーゴスラビア諸国四カ国（セルビア、ボスニア・ヘルツェゴビナ、北マケドニア、モンテネグロ）、アルバニア）と中国です。そして中国と中東欧諸国一六カ国に加えて、ギリシャが従来のオブザーバーから二〇一九年より正式な加盟国として参加しておりますので、今後は「17＋1」と呼ばれるようになるかもしれません（講演当時：その後二〇二一年にリトアニアが脱退）。その他にも、EU加盟国であるオーストリア、EU非加盟国であるスイスとベラルーシ、その他地域機関としてEUと欧州復興開発銀行（EBRD）が、16＋1サミット時にオブザーバーとして参加しています。

しかし、この「16＋1」という枠組は、冒頭で申し上げたとおり、もともと中国のイニシアチブによって作られました。そのため「16＋1」の事務局は、中国外交部の欧洲司（日本語で言えば欧州局）の中に設置されており、事務局長や事務局執行委員長などの要職は全て中国外交部の外交官が占めています。その意味で、この「16＋1」の運営や業務は中国側が握っています。

それに対して中東欧諸国の一六カ国はどのように「16＋1」に関与しているかというと、各国調整官会議という定期協議が年に二回（一回は北京、もう一回はその年のサミット開催国首都で）行われています。これが大体、16＋1サミット、いわゆる定期首脳協議の少し前あたりに行われるため、この「16＋1」の各国調整官会議はいわばサミットのシェルパの役割を果たしています。

この「16＋1」という地域協力枠組は、二〇一二年に第一回16＋1サミットが開催されたことを皮切りにスタートしました。その後首脳級だけではなく、閣僚級や高官級や実務級などで、幅広い政策領域において、中国は中東欧諸国一六カ国との対話枠組を創設して、協力を独自に深化させようとしてきました。例えば閣僚級としては、文化担当閣僚級の定期協議枠組として16＋1文化協力閣僚フォーラムが二〇一三年に創設されたのをはじめ、二〇一五年には16＋1農相会合や16＋1保健相フォーラムが、二〇一六年には16＋1運輸相会合が、二〇一八年には16＋1環境相会合などの閣僚級定期協議枠組が創設されています。このように、経済・通商分野をはじめ、農業、文化、教育、観光、エネルギー、イノベーションなど数多くの分野で、数多くの定期協議枠組を重層的に創設してきました。

その中でも最も重要な定期協議枠組は、やはり毎年開催される16＋1サミットです。特に二〇一五年一一月の第四回16＋1サミットでは、「16＋1中期計画」という重要な合意がなされました。これは二〇一五年から二〇二〇年までの五年間での中国と中東欧諸国間の中期的戦略計画を定めたものであり、九つの重点目標分野の下で合計五八項目もの協力内容を規定したものでした。

また16＋1サミットの特色としては、中国と中東欧諸国一六カ国との間の多国間（マルチ）での合意のみならず、中国と各中東欧諸国との個別の二国間（バイ）での合意を数多く形成していることです。その代表的な事例として、ハンガリー＝セルビア間の高速鉄道建設事業が挙げられます。これはハンガリーの首都ブダペストと、セルビアの首都ベオグラードの間の全長三五〇㎞を結ぶ高速鉄道を建設するというもので、ハンガリー・セルビア・中国の三カ国の間で、二〇一四年の第三回16＋1サミットにおいて合意されました。そしてこの事業は、「中国・ハンガリー鉄道ＮＰＯ」（中匈鉄路非営利）という中国とハンガリーの合弁による非営利法人が実施することとなっています。

このように「16＋1」は中国のイニシアチブで中東欧諸国と中国が独自で始めた枠組のため、ＥＵはヨーロッパの対中国関係をめぐって「16＋1」によって求心力を失うのではないかと警戒しています。すなわち、中国が「16＋1」を活用して欧州諸国を「選別」し、自らに好意的な国に対してはより大きな果実を与え、ヨーロッパの結束に楔を入れて、自らに都合の良い状況を作り出そうとしているのではないかと懸念しているのです。また中国側もこのようなＥＵの懸念をそらすべく、「16＋1」という枠組は決してＥＵ・中国間「包括的戦略パートナーシップ」を損なうものではなく、あくまでＥＵ・中国間パートナーシップの補完的な役割を果たすという位置付けに留めるものと強調しています。

それではなぜ中国はこのように中東欧諸国に接近しようとしているのでしょうか。第一に、中東欧諸国の持つ地政学的・戦略的な重要性が挙げられます。中東欧諸国はＥＵの東側に位置しており、中国から見ればＥＵの玄関口に当たります。そのため、中国から陸路・海路で西ヨーロッパにアクセスする際は必ずこの中東欧地域を通ることになります。このように、中国とヨーロッパの間の連結性（connectivity）を考える上で、中東欧諸国は地政学的に非常に重要な位置を占めているのです。

第二に、潜在的な経済発展の可能性が挙げられます。中東欧諸国は西欧諸国と比べて経済的・社会的にまだ成熟しておらず、それだけにまだ開発や発展の余地があります。これらの中東欧諸国でこれまで開発が遅れてきたのは十分な資金がなかったためであり、中国がそれらの資金を提供することで中国が経済的に進出する上での好機となると考えているためです。実際に中国の「一帯一路」構想では、このような考えを基に中東欧諸国の高速鉄道や道路建設・港湾整備・エネルギー開発などのインフラ整備事業に多額の融資を行っています。

それに対して中東欧諸国の方にも中国側へと接近したいという動機があります。第一に、政治的な要因が挙げられます。中東欧諸国は単独で中国に接近しようとしても機会が限られており、またEUの枠組の中で中国との関係を深めようとしても西欧諸国の方へと関心が行きがちです。そのような中で、中東欧諸国一六カ国という一つの地域的枠組として中国との関係を深めることは、自らの外交上の機会の拡大に繋がり、さらにはEU内での自らの発言力向上に繋がります。実際にこれらの中東欧諸国は「16＋1」による中国への接近によって、中東欧各国は中国との関係性を発展させてきました。例えばポーランドは、中国との二国間関係を「友好協力パートナーシップ」（二〇〇四年）から「戦略的パートナーシップ」（二〇一一年）へと発展させてきましたが、二〇一六年には更に「包括的戦略パートナーシップ」へと格上げされました。同様にハンガリーも、中国との二国間関係を「友好協力パートナーシップ」（二〇〇四年）から「包括的戦略パートナーシップ」（二〇一七年）へと発展させ、セルビアも「戦略的パートナーシップ」（二〇〇九年）から「包括的戦略パートナーシップ」（二〇一六年）へと拡大しています。このようにポーランドやハンガリーやセルビアは、中国にとって中東欧諸国内で最も重要なパートナーとして位置付けられています。さらにチェコも、中国との二国間関係を「戦略的パートナーシップ」（二〇一六年）として、またブルガリアも「包括的友好協力パートナーシップ」（二〇一四年）から「包括的戦略パートナーシップ」（二〇一九年）へと発展させてきました。

第二に、経済的要因が挙げられます。先ほど述べたとおり、中東欧諸国は西欧諸国と比べて経済的に遅れを取っており、更なる開発や成長を進める必要性を痛感してきました。彼らはヨーロッパの中で長い間西欧諸国との格差が解消されてこなかったことに強い不満を抱いており、このような中で中国からの資金を使って開発を促進することは彼ら自身にとっても経済成長を促進するものとして大きく期待していました。

第三に、EU非加盟の西バルカン諸国にとっての動機が挙げられます。西バルカン諸国はそれぞれEU加盟を目指してきましたが、EUとの加盟交渉は停滞しており、二〇一四年に欧州委員長に就任したジャン＝クロード・ユンカーは、自分の任期中（二〇一四年〜二〇一九年）には新たなEU加盟国は誕生しないだろうという悲観的な見方を示していました。そのため西バルカン諸国ではEUに「見捨てられた」という不満が募っており、EUの西バルカン地域への関心が低下している間に、中国やロシアなどの影響力が浸透するようになりました。

これに対してドイツのアンゲラ・メルケル首相は危機感を募らせ、EUではなくドイツのイニシアチブにより、西バルカン地域のEUへの統合を進めるべく「ベルリン・プロセス」と呼ばれる取り組みが二〇一四年より行われるようになりました。また二〇一八年にはEUは対西バルカン戦略を策定し、二〇二五年までのEUの対西バルカン関与のあり方や、西バルカン諸国のEU加盟に向けた目標を描き出しました。このように西バルカン諸国の中国への接近はEUからの関心を引き寄せるようになり、間接的にEU加盟交渉にも影響を与えるようになっています。

このように「16＋1」をめぐるそれぞれの思惑が絡み合う中で、それでは果たして「16＋1」はうまくいっているかというと、そうとも限りません。「16＋1」にはいくつか問題を抱えています。第一に、中国を中心とする「16＋1」のあり方です。先ほども述べたように、「16＋1」とは中国と中東欧諸国一六カ国という合計一七カ国による多国間（マルチ）の協力枠組であり、実際に全ての加盟国に関わる合意もありますが、それ以上に「16＋1」の枠組においては中国―中東欧各国の間での個別の二国間（バイ）の合意の方がはるかに数多く作られています。これは「16＋1」が中国を中心として運営されているという性格が如実に反映されており、中国が中東欧各国と個別に交渉して合意を数多く積み重ねているためです。そのため、「16＋1」（Sixteen plus one）という地域協力枠組は、果たして一七カ国による純粋な多国間枠組なのか、あるいは中国をハブとして中国と中東欧各国との間の多数の個別の二国間関係を中心とする「1×16」（One by sixteen）なのか、という問題があります。

第二に、中国の実行能力や透明性に対する疑義です。中国は「16＋1」を利用して、「一帯一路」構想の一環として、高速鉄道・道路建設や港湾整備やエネルギー開発など数多くのインフラ整備事業を中東欧諸国と契約してきました。ところがこの中国の契約が、その後契約どおりに実施されていないという事例が散見されています。また特にEUにも加盟している「16＋1」参加国では、中国によるこれらのインフラ整備事業が、EUの求める透明性や公平性などの規範を満たしていないとして、事業が開始できていない事例も数多く出てきています。その代表的な事例が、先ほどご紹介しましたハンガリー＝セルビア間の高速鉄道建設事業です。この事業は二〇一五年に正式に締結され、一年以内に着工し二年で完成する予定でした。ところが、セルビア（EU非加盟国）側では着工したものの、EU加盟国であるハンガリーでは、EUの行政機関である欧州委員会が待ったをかけました。欧州委員会は、総工費二八・九億ドルにのぼる巨額の事業が果たして実行可能かを検証し、公開入札など公共調達に関する手続が遵守されているかを慎重に審査しており、ハンガリー側の工事は現在も始まっておりません。このように、契約内容の詳細が公開されているか、なぜその事業者に決まったのか、入札手続などが適正に行われているか、一部の事業者に有利な形で行われるなどの腐敗や癒着が生じていないかなど、中国資本の参入や決定プロセスには依然不透明な事例が見受けられます。

第三に、「債務の罠」（debt-trap）という問題があります。これは、中国が「16＋1」を通じて、例えばモンテネグロのような財務状況が決して良好ではない国に対して、その国の支払い能力を超えたインフラ整備事業を締結し、その国がその事業に対して支払うことができなくなった場合、最終的にそのインフラを中国に売却または譲渡してしまうことです。この点について、二〇一八年に国際的な研究機関であるグローバル開発センター（CGD：Center for Global Development）が一つの報告書を発表しました。それは、「一帯一路」関連事業を受けるホスト国六八カ国の現在及び将来の債務レベルを評価したものです。このうち二三カ国は、現在債務困難の危機にある国と規定され、うち八カ国は将来の「一帯一路」関連事業が債務困難のリスクに深刻に加わる国として挙げられています。その一つが、モンテネグロです。モンテネグロは二〇一八年には公的債務がＧＤＰの八三％を占める見込みでしたが、その原因は同国内のバール港とセルビアを結ぶ巨大な高速道路建設事業でした。二〇一四年にモンテネグロは中国輸出入銀行と、推計一〇億ドルの事業第一期の八五％を融資することで合意していますが、この融資が高度に譲歩的な条件でない限り、事業第二期・第三期には債務不履行（デフォルト）に陥る可能性が指摘されていました。仮にそのような状況になった場合、モンテネグロとしてはこの高速道路建設事業を中国に売却あるいは譲渡する必要に迫られ、この高速道路は中国の管理下に置かれることとなります。このような「債務の罠」という問題が、いま非常に大きくなっているということを指摘した上で、私の報告を終えたいと思います。

「一帯一路」構想から見た中国の対外関係

東京大学社会科学研究所　伊藤亜聖

「一帯一路」構想の目標

こんにちは、伊藤です。皆さんだいぶお疲れなのではないかと思います（笑）。一五分ですので、短めに少しお話をさせていただきたいと思います。

先ほど先生方から、アメリカから東南アジアから、そしてヨーロッパからの中国への目線というものをご解説いただきました。過去六年ほど、習近平さんが国家主席になってから、中国はどう世界を見ているのか。それが一番分かりやすく表れていると考えられるのが、最近新聞報道でも目にする機会も増えた「一帯一路」と呼ばれる政策的な目標です。私の役割は、これを巡る問題を考えることです。

お手元に資料があろうかと思います。これは多分来年出ると思っているんですが、川島真先生、小嶋華津子先生が編集された『よくわかる現代中国政治』という本の中に、「一帯一路」という項目があるんです。なぜか私が書くことになりまして、お手元の資料のような解説を書いてみました。これはまだ書きかけですので、もしこうしたほうがいいというアドバイスがありましたら、ぜひ今日教えていただくと、まだ間に合いますので。ぜひアドバイスをください（笑）。

この一帯一路を考える上で、先に少し中身の話をご紹介させていただきます。これは二〇一三年に始まったんですけれども、お手元の原稿の二四行目に、二〇一五年三月に中国政府が発表した文書に書かれてある主要の項目を挙げております。

①政策的対話の促進、②交通とエネルギーインフラのコネクティビティの向上、③相互貿易の促進、④人民元の国際化を含む資金面、あるいは金融面での関係強化、⑤国費留学生の増枠等による民心の相互理解の促進。これがいわゆる五つの主要なる中身というふうにいわれています。

実際のプロジェクトの対象地域はどこなのか分かりません。これが非常に謎なんです。一つは中国から陸路でヨーロッパに行く道、中央アジアを通る地域です。そしてもう一つが海路でそれこそアフリカの東アフリカの地域も含めた広範な地域が含まれていて、一説では六七カ国が対象だといわれていた時期もあるんですが、いまだにそれは発表されていません。中国政府はこれを非常に開放的な、どんな国もメンバーになれるような、参加できる構想というふうに言っている状況であります。

この文章に書かれている五つの項目を見ると、なかなかいいことが書いてあるなと思うわけです。ところが、そこで引用している、二八行目からの習近平国家主席が二〇一四年にしたセリフは次のようなものでした。「われわれは異なる文化的伝統、歴史的境遇、現実的国情を持つ国々が同じ発展モデルを採用することは求められない」と。これは一帯一路に関する演説の中で触れているんです。こういった点まで視野に入れると、単なる経済協力、貿易を増やし資金を融通するということだけじゃなくて、やはり国際政治、国際秩序に関して、中国流の、中国なりの秩序感というものを広げていこうというような含意があるであろうというふうにも言えるわけです。この二点です。表に紙に書かれてあることと、より広い意味での一帯一路の含意というものは、少し分けて考えていったほうがいいのかなというふうに思っています。

「一帯一路」の経済的、外交的意義づけ

レジュメのほうに戻ります。それでは、一帯一路はどのような文脈で出てきたんだろうかということを考

えたときに、経済的にどういうことなのかと。聞く人によって、お答えは変わるんですけれども。

私が一番しっくりときている説明は、ここに書いてある中国語「要想富、先修路」です。これは「発展したければ、豊かになりたければ、道を通しなさい」という一つの中国流の言葉なんです。これは中国国内でよく言われていた言葉です。一九八〇年代以降の中国国内の経済改革、経済発展の文脈で、やはりまず道を立て、工業団地を造って発展しましょうと。その言葉が、外の国々に対しても提示されるようになった。こういうふうに説明するのが非常に分かりやすいのではないかなと。例えばアフリカ、東アジアでインフラを建設しましょう。高速鉄道を造りましょう。こういうことをやるときのアイデアです。

中国人が素晴らしいのは、実際に彼らはこれをやって発展したという自信を持っていますので、自信を持ってこれを提案します。彼らがまさにこの時代に、この方向でこれほど成長したではないか。なぜあなたたちの国もこれを採用しないんですかと、真面目に強く信じてこれを推進するということです。

では、外交的にはどういうことかと。これも聞く人によりお答えは変わろうかと思うんですけれども、私なりに一番しっくりくる答えは、西に進むです。これは北京大学の王緝思先生が二〇一二年ごろ書いた記事「〝西進〟中国地縁戦略的再平衡」(『環球時報』二〇一二年一〇月一七日)に出ています。すなわち中国の東には、アメリカという、あるいは日本という国があって。東に向かって発展するということは現実的ではない。むしろ今後、二〇二〇年代、あるいはもっと先を見たときに、人口規模を見ても、やはり中国から見たときの西、中央アジア、東南アジア、中東、そしてアフリカのほうにこそ発展の余地が大きい。中国の影響力を拡大させる余地が大きいというような理解は十分可能であろうと。

簡単に言うと、恐らくこの二つ、経済的にはインフラ、外交的には西に行くんだ、というマインドセットが比較的シンプルに説明できるんではないかなと思います。

先ほど毛里先生が、毛沢東の時代が革命の時代だった。鄧小平の時代が、建設の時代だった。このような説明をいただきましたけれども。習近平さんの時代に入ったときに、いよいよ中国が世界第二位の経済大国であり、豊かになってきた。ついては、海外に向けていよいよ国際的な開発に足を踏み入れ貢献するんだ。国際開発の時代というふうにも言えるのかもしれません。このように考えたときに、恐らくこの一帯一路というプロジェクトがまさに一つの時代を体現するような構想、という意味を有するようになるということです。

中国と発展途上国との関係

ただし、レジュメの「考えるべき論点」というところに書いているんですけれども、中国が発展途上国に強い関心を持ち始めたのは、決して最近の話ではありません。高坂正堯という国際政治学者が中央公論新社から中公新書で『国際政治：恐怖と希望』という本を出しています。その第二章で、中国の政治家、林彪という、七一年に毛沢東暗殺を企てて死んだといわれている人物が六〇年代に言った言葉が引用されています。それは「世界の農村、すなわち途上国から、世界の都市、すなわち先進国を包囲していく。これが中国の外交である」と言っているんです。

これは恐らく、高坂正堯の本が出たのが六六年ですので、六〇年代前半に林彪が言った言葉だと思うんです。こういうような言葉から考えると、いま中国が一帯一路を通じてアフリカに一生懸命コミットするということをもう少し実感を持って理解できるのではないかなと思います。

現実に、アフリカ諸国含めて新興国がこれからさらに発展しようとしたときに、さまざまな資金、技術が足りません。世界銀行とかさまざまな機関がありますけれども足りない。新しい提案をする有力な候補者として中国が出てきたわけです。中国がお金をお貸ししましょう。技術も提供しましょう。なおかつ中国はこの三〇年間、建設ラッシュでしたから、彼らは道路を造り、港を造り、工場を造るノウハウを世界で一番持っているわけです。ですので、そのような提案者が出てきたときに、大いにそれを活用したいと思うのは、これもまた自然なことであります。ただし、同時に先ほど林先生もご指摘されたような債務の問題です。あまりに急激な、大型プロジェクトが出てくるというようなリスクもあるということです。

この中国の一帯一路を私も研究しているんですけれども、非常に難しいです。なぜ難しいかというと、データがない。例えば、日本やOECDの先進国は、どの国に幾らお金を貸しているのか、援助しているのかというものを、パリの会議でみんな公開するんです。ところが中国はそういったメンバーではないので、中国がエチオピアに幾ら援助をしているのか分かりません。それは彼らが五年に一度ぐらい出すリポートを待つしかないんです。ですので、非常に懐疑心が高まりやすい状況です。中国がスリランカに幾らお金を貸しているんだろうか、分からない。こういうような状況ですので、「ぜひデータを公開してください。データを出さないから、あることないこと言われるんです」と中国の方には言いたいわけです。

同時に、ワシントンに対しても、アメリカに対しても、最近のファーウェイを筆頭に、企業に対して非常に厳しい対応が取られているんですけれども、その一部は明確な根拠がない場合も多いんです。ですので、ワシントンに対しては、「ぜひそちらも可能な限りデータを出してください、証拠を出してください。そうすれば、日本としてもじっくり検討できるんです」と言うようにはしています。

他にも、一帯一路は最近、五年六年たって、さらに調整段階に入ってきているということも言えると思います。以上が一帯一路に関する概要なんです。

日本・中国の今後の問題

最後に、日中関係についてもこの後議論する時間があると思いますし、恐らく天児先生もその点は考えておられると思うんですが、二〇二〇年の春に、習近平国家主席が来日するという可能性が非常に高いわけです（コロナ禍の発生により、その後来日の目途はたっていない）。その際に、第五の政策文書というふうにいわれますけれども、毎回中国の国家主席が日本に来たときには、日本政府と包括的な協力に関して文書を作るんです。次の一〇年二〇年に何をやろうかと。第五の政策文書に一体われわれは、いま何を入れるべきだろうか。日本側として何を求めるべきであろうか。これは実はあまり議論されていない点だと思います。

ですので、日中関係にいろんな懸案もありますし、まさに天児先生、毛里先生筆頭に、二〇一九年九月の研究者の拘束の事件にも深くコミットされていましたけれども、こういう環境の中で日本はどうするのかということは、ぜひ最後に議論できればなと思っております。

私からは報告は以上です。ご清聴ありがとうございました。

米中対立と揺れる世界

天児　慧

香港および台湾について

皆さんの本当に意欲的な研究の報告を伺いまして、とても勉強になりました。その中で、多分発表者の皆さんに共通している質問になると思うので、少し考えておいていただきたい。

一つは、いまわれわれ国際社会が大変注目しながら見つめている地域、つまり中国に関わる地域があります。ご承知のように香港の動きです。それから二〇二〇年の一月には台湾の総統選挙が行われることになっておりますが、これが本当にどうなっていくのか。つまり香港はかなり中国にノーの結論を打ち出しました。それは中国にとっては頭の痛いところだと思います。しかもアメリカはこの香港に対して、明確に支援の姿勢を示しました。それから二〇年一月の台湾総統選挙は、いまの予想でいくと独立派といいますか民進党の蔡英文がかなりの差で勝利するんではないのかという予測もなされている（選挙の結果は史上最高得票で蔡英文が勝利。また、香港では二〇二〇年六月三〇日に「香港国家安全維持法」が施行され、その後一段と中国の影響力が強くなった）。

つまりこの中国を巡って、われわれはアメリカと中国、それから東南アジアと中国、そしてヨーロッパ・EUと中国というふうな形で今日見たわけですけれども、いまの争点はそこ（香港・台湾）にあって、その争点をアメリカなり東南アジアなり中国はどう見ているのか。

つまり、緊張した事態がさらに進展したときに、ヨーロッパもそれから東南アジアにもいろいろな国があり、それぞれの地域や国によって態度が違いますが、どのような態度をとることが想定されますか。今後の国際社会に非常に大きな意味を持ってくるというふうに思うんです。その辺をどう考えておられるのかが少し伺いたい問題です。

米中対立について

それからもう一つ大きな問題として、米中対立。この対立が深刻化すると、例えば日本も困るし、それから東南アジアも困るし、ヨーロッパも困るということで、何とかうまくやってくれないかなと。二つの世界の超大国が本当に厳しい対立をすれば、それはいま経済でも影響が始まっているわけですけれども、これが何かのきっかけで軍事的な衝突にでもなれば、まさに世界は大混乱に陥るわけで、これをどういうふうに見たらいいのかということです。

つまり米中対立の根本に貿易赤字があるなんていうのは、いまや通用しないわけです。きょうのお話にもありましたように、いまはハイテクを巡る対立があるわけです。しかもその先にというか奥底にもっと深刻な対立、よくアメリカで言われる「トゥキディデスの罠」――いわゆる新興大国が台頭してくると、既存の大国が危機感を持ってそれに対する、その結果、それが戦争を引き起こす――という構図があると。かなりアメリカの中では、あるいは世界の中でもそういうことを言う人が増えてきているわけです。

つまり、そういう対立としてこれを見られるのか見られないのか、それは少し言い過ぎだろうと思うか思わないのか。それに併せて、仮に国際政治上の覇権交代というようなものが起こるとしたら、それぞれの地域・国ではどういう態度を持つべきなのか、持ったらいいのか。これらの問いかけに対して、ここにおられる先生方にいきなりきちんとした回答を出せというのは私もできないし、恐らく毛里さんもできないと思うので、そこまで求めませんけれども、そういうことに対する考え方を少し議論していかなければ、大事な点が抜けてしまうのではないかと思い、私はあえてこの質問をさせていただきたいと思います。

アメリカによる中国関与の変遷

部分的には、アメリカに関しては、佐橋先生のレジュメにある「構造的権力を中国に見いださず」とおっしゃられているんですが、これはどういうことかなと。

それから、アメリカの中国へのエンゲージメントがずっと続いてきたというお話をされたわけですけれども、確かに息子のブッシュがかなり強い姿勢で、「中国をわれわれは戦略的パートナーとは見ない。われわれは競争者として見る」ということをはっきり言った。しかし結局、エンゲージメントのような対応をせざるを得なかったと。

その後、オバマ政権に代わって、オバマあるいはヒラリー・クリントンは非常に積極的に中国との大国外交をしようと呼び掛ける、いわゆるG2論です。特に二〇〇八年ごろに出てきたG2論が積極的にだされたときは、中国はG2論に乗ろうとしない。乗っかると、いまのわれわれの力量ではとてもじゃないけれども責任は負えないと。「われわれはまだそんな強い力じゃないです、お断りをします」ということを言っていた。

そして今度は、習近平が二〇一二年に政権を握ったときに、習近平はアメリカと大国外交をやるということを鮮明にして、翌年一三年六月にオバマに会いに行くわけです。それで「二一世紀の創造的な大国関係をつくろう」ということを呼び掛けるんだけれども、オバマは顔をプイっと横に振って無視ということがあったわけです。ですから、エンゲージメントを積極的に言っていた民主党、あるいは民主党系のリーダーたちはそれを拒否した。しかし今日、共和党のトランプ政権が出てきて、中国との対決を強調するようになる。いまや、アメリカでは、ほとんど対中強硬が一般的と見られているといわれています。本当にそういうふうに捉えていいのかというのが、いまの中国の中で構造的権力として見るということと関連しているのかなと思ったりしているので、その辺を教えていただければと思います。

ASEANに対する中国の関わり方

それから東南アジアに関しては、私が非常に気になっているのは、田村さんがきょう説明されたように、中国はやはり東南アジアとの深い関係があって、しかもその関係がまさに華人・華僑が住み着いていく中でつくられたネットワークとかいうものを含めて考えると、単純に経済の問題とか安全保障の問題とか言えないだろうと思います。

ただ、いま東南アジアが目指しているものは、既に一応経済の面では確立したＡＳＥＡＮ共同体ですよね。そして、それをいま文化そして政治あるいは安全保障においても、ＡＳＥＡＮ共同体をつくるというビジョンを描いてＡＳＥＡＮは一体化の方向を目指している。そこに中国が関わってきた。その中国の関わり方というのは、ＡＳＥＡＮ全体の目標をサポートするというよりも、われわれから見れば、ＡＳＥＡＮの分断を図っているのではないかと見れる。つまり、カンボジアとかラオス、あるいはミャンマーと、それからベトナムとかフィリピンあるいはその他インドネシアとの関係においてです。どういうふうに中国はＡＳＥＡＮをしたいのかということです。

日本だったら、ＡＳＥＡＮの地域共同体を積極的にサポートしながら、そういう大きな枠組みの地域と日本が連携してアジアの発展を目指したいとかいうのがイメージとして出てくるんですが、中国の場合には、口ではＡＳＥＡＮ共同体を支援すると言っているんだけれども、実際の行動として本当にそうなのか、というふうに私には見えるんです。

そうしたときに、ＡＳＥＡＮの側から見て、こういった中国をどう考えるのか。非常にクリアに報告でもおっしゃられたように、カンボジアはフィリピンとかベトナムの行動基準に関する議論のときに反対をして、そして中国の主張を支持するというような対応を取っていたわけです。

それがＡＳＥＡＮ共同体の枠組みの中で、一応いろいろな意見を出しながらも一つにまとまるという解釈でいいのか。それとも、ＡＳＥＡＮ共同体は最終的には分裂してもいいではないか。われわれは新しく中国がつくろうとする、新しい地域秩序というものに入っていって、そこで未来を建設するという選択をしようとしているのか。この辺をどう考えたらいいのかを教えていただきたいと思います。

ヨーロッパが考える世界秩序とは

次はヨーロッパです。ヨーロッパは、私なんか一番遠くてよく分からないところなんです。印象として、中国はＡＳＥＡＮにしてもあるいは台湾、香港、日本、韓国、北朝鮮、それからアメリカにしても結構身近なものとしてあるわけですけれども、ヨーロッパは、極端に言えば中国が何をしていても直接的には関係ないよ、金儲けができる相手だったらいいよといった軽さがある。ですから、お金を投資してくれる中国、それからいろいろな経済建設に協力してくれる中国というような範囲で実は見ていくと、ヨーロッパは中国を見るのに、割とポジティブにイメージができる。

だけれども、きょうのお話でも民主化とか価値観の問題を巡る話が出てきました。それ以上に、私が最初に皆さんに共通に出した問いかけ、世界のヘゲモニーの交代という問題について、議論をしなくてはいけない時期に来ていると思いますが、そういうときに、別にアメリカにつくのか、中国につくのかという問いではなくて、ヨーロッパはどういう秩序を国際秩序として考えたいのか。その意味で、アメリカとどう向き合うのか、中国とどう向き合うかというようなことが問われてくるんではないかなと思います。だから、そういう意味では距離は、地政学的には遠いところだけれども、あまりヨーロッパも他人ごとのように見られないんではないかと思ったりしているんです。その辺はどうかなということです。

中国の西進論と世界戦略

最後の伊藤さんの話も大変勉強になりました。西進論、これは大きな質問ではないんですけれども、西に進むという西進論の中で、「要想富、先修路」という言葉を使われましたけれども、金をもうけたかったら最初にまずインフラ、ここであれば道路、交通ネットワークをつくれ、充実せよということを言われた。これは、実は日本が中国の改革、近代化をＯＤＡで協力していくわけですけれども、そのときの考え方じゃないのかなと。

ある意味で、日本はＯＤＡで一番力を入れたのはインフラです。高速道路を造り、高速鉄道を造るとかという形で。インフラを進めるという中国のいまの考え方というのは、日本の影響があるのかなと僕は思っているんですけれども、それが間違いか否かということ。

それから、林彪の話をされて、高坂さんを引用されて言われたんだけれども、基本的には毛沢東の第三世界戦略、世界の農村が世界の都市を包囲するという考え方です。これは毛沢東が一番強調していた考え方なんですが、この毛沢東の路線を習近平が継承していると。豊かになった中国と貧しかった毛沢東時代の中国という圧倒的な差はあるにしても、習近平の思考の仕方というのは非常に毛沢東に重なってくるんですかと。これは、実は僕に聞かれるような質問かもしれませんが、教えてください。

米中関係と「トゥキディデスの罠」

佐　橋：ありがとうございます。

天児先生がおっしゃるとおり、いまは香港問題で多くの動きがあり、香港人権・民主主義法案というものが先週トランプ大統領の署名により成立しました。今後、香港そして台湾を巡って、どういうふうにアメリカと国際社会が対応するのかが、より大きな意味で国際秩序の性格を決めていくのではないか、というご指摘だったかと思います。

そのとおりだと思います。すなわち、香港、台湾またはウイグルといった問題で問われているのは、恐らく今後、われわれが人権とか世界の民主主義をどう考えていくのかという、かなり深い問いを提起しています。私個人の思いとしては、アメリカだけでなく、日本政府も、そういった視角からリベラリズムとか人権とか民主主義を国際秩序の根幹に係わるものとして外交に反映させていくべきだとは思っています。

ただ学術分析として、アメリカの対中戦略において香港や台湾がどこまで中核にあるかというと冷静な評価が必要です。今回の香港人権・民主主義法については大統領が署名しなくても成立する見込みのところ、感謝祭（サンクス・

ギビング）週に入る間際の、非常に慌ただしいなかで署名に踏み切ったという感じです。結局のところ、アメリカの香港政策、台湾政策は状況対応型です。

先生から「トゥキディデスの罠」という言葉が出ましたが、アメリカはいま、確かにここが秩序を決めるまたは権力移行、パワーの交代を決める非常に重要な瞬間だと思っている。国防政策に係わる政策関係者の声が大きいのがアメリカですから、そのような捉え方が中心になります。

香港、台湾とかウイグルとかいった問題は確かに大きな関心事になっているし、それが影響していないとは言うつもりはないのですけれども、やはりパワーの話が先行しています。こういったふうに考えたときに、少し引いて見て、本当に人権や民主主義をトランプ政権は守ろうとしているのだろうか、それは続くのだろうか、と問うことも求められています。

もう一つ考えるべきは、まさに今申し上げたことの逆で、パワーの視点だけでアメリカの対中政策は進めていけるのだろうか、ということです。権力移行の可能性があるからといって、グローバル化がここまで進んだあとに中国との関係を完全に見直すことに国内外から協力が得られるのだろうか。台頭国の成長を阻害するコストの高さは、歴史上、例がないほどではないだろうか。

実際に世界の論調をみても、本当は米中対立をしてほしくないと考える国は案外に多いです。また、日本のような主要国には、米中の橋渡しという期待もあるようです。実際に、経済産業省は、ルール形成における橋渡しという言葉を作ってもいます。

とはいえ、米中対立というのは超大国間の対立であって、他国が与えられる影響はきわめて限定的です。アメリカ社会がどうやって対応するのかというところが最も重要になってきます。

天児先生が指摘されたように、ブッシュ（子）政権は中国を戦略的競争相手と当初呼んだにせよ、すぐに腰砕けになった。オバマ政権も、多くの中国に関する課題に気づいたにせよ、結局のところ外交ばかりをやっていて、大きく政策を見直すことはしなかった。トランプ時代というのは違って、政権は相当に確信を持って、中国政策を全面的に転換しているわけです。

こういった中で、民主党とかまたはアメリカ社会全体を見渡したときに、今後どうなってくるのか。民主党も中国の成長そのものがアメリカを脅かすほどのものであるということに関しては、共和党と大差なく、基本的に共通理解の上に立っています。アメリカ社会を広く見渡して普通の人がどこまで中国を脅威とみているかはまた別問題ですが、少なくとも民主党の大統領候補たちも、そこのところで争うということはないわけです。ただ、報告でも触れたように、対中戦略の方法論が違ってくるだろう、ということです。

いまのトランプ政権のやり方というのは、本質的に対立的です。中国の弱体化という思想が底流にあり、特定の企業を狙い撃ちするぐらいまでの措置を駆使しようとの議論が支配的です。民主党は同盟国と協調してできる範囲で進めていく、ということですから、こういった点でも違いが多少は出てくるでしょう。

このあたりの方法論のせめぎ合いが多分、今後の米中対立を決めていく。アメリカの同盟国でも、中国でもなく、アメリカという国のなかで議論され、実行されていく政策が相当に米中関係、そして世界の構造に影響を与えていくと思います。

香港問題とアメリカ

天　児：補足質問です。その香港の人権民主法をアメリカ議会が通し、トランプが承認したと。こういう決断をすれば、中国はもちろんものすごく怒るというふうに事前に予測はされるわけですよね。でも、それをあえてやったということの意味は、どう考えたらいいのかなと。

ある人の解説によると、要するに中国側はかなり追い込まれて厳しいけれども、それに対して非常に強い反発をしていたのが、だんだん後退しているんではないかというような見方もある。その辺までも読んで、どうせ中国は本気ではこれに対して出てこられないという判断でアメリカはかなり強気で行ったのか、それとも少々厳しいコンフリクトが起こっても絶対に今回は引かないぞという意味で、アメリカが強い姿勢を示したのか。その辺はどう見ているのですか。これはトランプ政権ですけれども、その辺はどう見ているのですか。

佐　橋：アメリカは議会が法律を作ります。毎年の国防授権法という国防予算関連法は、議会が立法して予算がつくので、そこには外交政策への注文が多数盛り込まれることにもなります。

ただし、法が成立してそこに政策表明があっても、外交政策は大統領（行政府）の権限のもとにあります。そのため、法律に大統領が署名する際には、署名時声明という形式で法律のいくつかの箇所を実質的には大統領の行動を制約するものではないと整理しています。最近でも、台湾旅行法やアジア再保証推進法などが日本でも報道されましたが、署名時声明をみなければ、何が新しいことなのか分からない。

そのうえで、香港人権・民主主義法ですが、香港政策法を補完する実質的な内容も含んでいることは確かです。今回、大統領の署名がなくとも、議会での投票状況を考えれば再議決して成立するとも考えられていました。その状況で、議会と争わずにさっさと署名して成立させたのでしょう。

アメリカにとって最大のカードは、一国二制度を前提に香港に特別な地位を認めていることです。一九九二年香港政策法に基づくこの措置は何かがあったら止めることができるわけです。香港という金融センター、貿易センターをアメリカ（ドル）と世界の経済から切り離すことをしてしまえば、中国への打撃は計り知れません。

アメリカはその意味では、強力なカードをもとから持っているということです。それは中国もよく分かっている。今回の新法を超えて、そのような大きな構図でみることが重要ではないでしょうか。

台湾の新しい東南アジア政策

天　児：私のほうも勉強になりました。じゃあ、田村さん、お願いします。

田　村：ご質問をありがとうございました。天児先生が冒頭で提起された、台湾の新政権の今後を東南アジアがどうみているのかについて、まずお答えします。

台湾では二〇一六年に民進党の蔡英文が総統になってから、新南向政策と呼ばれる東南アジア政策を進めています。新が付くのは、前政権（国民党政権）が打ち出した南向政策（東南アジア政策）が経済のみに比重を置いていたのとは異なり、新南向政策は台湾と東南アジア諸国の間で、相互信頼と相互利益に基づく経済から人的交流に至るまでの幅広い交流を目指しているからです。中国の一帯一路構想が貿易とインフラ整備中心ですので、一帯一路構想との差別化も図っているわけです。新南向政策の下、台湾の主要な大学や大学院に東南アジア学科や東南アジアプログラムが新設されました。また、奨学金制度を設けて東南アジアからの留学生を数多く受け入れていますし、台湾人の東南アジア留学も奨励しています。小中学校ではベトナム語やインドネシア語、フィリピン語などの東南アジアの言語を選択して学ぶことも提案されています。来週後半（二〇一九年一二月五‐七日）には台湾で初めての大規模な東南アジア学会が開催予定で、二〇〇人以上の東南アジア研究者や院生が世界から集まります。私も参加予定です。

また、台湾には東南アジアから介護や家事労働者、工場労働者、さらに新住民と呼ばれる結婚移民も数多く来ています。労働者の数は七〇万、これは先住民（台湾では原住民と呼ばれています）の人口を上回っています。「東南アジアブックフェア」をはじめとする東南アジアからの労働者や新住民を理解するための多様なプログラムが始まりました。これも新南向政策の賜物です。

東南アジア諸国はこの新南向政策、特に新住民理解プログラムや留学生の増加などの人的交流を好意的に見ています。ただ、投資や貿易という経済面については、あまり期待はしていません。さきほど申し上げましたように、ほとんどすべての東南アジア諸国にとっては中国が最大あるいは第二位の貿易相手で、中国からの投資や援助、観光客も増加の一途を辿っているからで、一部の国を除いて台湾との経済関係は重要ではなくなりつつあります。

香港・台湾へのASEANウェイな対応

田　村：次に、香港や台湾の人権や民主主義をASEANはどう見ているかですが、ASEANの重要な規範は内政不干渉とコンセンサスによる意思決定手続きです。つまり、あくまで互いの主権尊重を規範化することで、ASEAN諸国は信頼醸成を進めて域内平和を築いてきました。これは、人権や民主主義という普遍的な理念を主張するのではなく、互いの国内事情には関与し合わないことを通して地域の国際関係を安定させようとするプラグマティズムで、「ASEANウェイ」と呼ばれてきました。

一九九〇年代初頭、ミャンマー軍事政権への制裁の是非をめぐる欧米諸国とASEANの対立が注目されました。ミャンマーの軍事政権が民主化を求める人々を弾圧し、総選挙の結果さえ拒否したことに対し、欧米諸国は強い非難を浴びせましたが、ASEANはあくまで穏健な対話を続ける方法が必要だとして、ASEANのアプローチを「建設的関与」と呼んで正当化しました。つまり、「ASEANウェイ」は人権・民主主義への対抗概念であるとともに、ASEAN各国政府の権威主義体制と親和性を有するものだったと考えられます。

ですので、程度の差はあれ、ASEANは人権や民主主義を掲げて他国の内政に干渉することはありません。特に中国が「中国の核心的利益の一部であり、いかなる介入も許さない」と公言する香港や台湾について、ASEANが人権や民主主義の問題を取り上げることはないでしょう。例えば、シンガポールの新聞の報道を見ていると、香港については、大学に立てこもったりデモをしたりする学生たちのせいで、香港経済に大きな支障が出ている、秩序が乱れているという面を強調しています。台湾についても、中国と台湾がともに協力して現状を維持するか、平和的統一を実現することが望ましいと考えています。民進党下の台湾が独立を志向すれば、アジアの政治経済状況に深刻な影響を及ぼすとみなしているのです。

ただ、一九九〇年代後半、域内でいち早く民主化を進めていたタイとフィリピンを中心に内政不干渉を見直す動きが見られ、両国は一九九六年のミャンマーのASEAN加盟申請に反対しました。民主化の結果、対外政策にも議会や世論、NGOなどが影響を及ぼすことになったからです。しかし、他のASEAN加盟国から退けられ、ミャンマーは一九九七年に予定通りASEANに加盟しました。その後、タイとフィリピンの国内政治が不安定となり、内政不干渉原則の見直しを両国が主張することはなくなりました。

激しくなる米中対立についてですが、東南アジアの国々はアメリカあるいは中国のどちらか一方に依存するような外交・経済政策は望ましいとは考えていませんし、どちらかを選べといわれるようなことは断じて避けたいと思っています。東南アジアの国々は中国がスーパーパワーになるのを仕方がないとして受け入れて、その経済力を有効活用する一方で、アメリカや日本、インドなどの複数の国々とのさまざまな戦略的・政治的・経済的な連携も強化して、それぞれの国の自立を確保しようと試行錯誤しています。

先ほどマレーシアが中国と結んだ大型プロジェクトを見直したとお話しましたが、この大型プロジェクトは前政権が契約したもので、二〇一八年に成立した新政権が前政権との差別化を示すために見直しただけで、中国関連のすべてのプロジェクトを見直しているわけではありません。一方、見直しに中国が応じたのは、返済能力を超えた過剰な対中債務に発展途上国が困窮し、さらに返済不能に陥った国の資源や港湾などが中国に差し押さえられるといった、いわゆる「債務の罠」リスクが国際社会で批判的に論じられるようになったためです。ミャンマーの大型プロジェクトの見直しは「債務の罠」リスクへの批判回避のためでした。

中国への対応における各国の差異

田　村：天児先生から「中国はASEANをどうしたいのか」というご質問もいただきました。南シナ海問題をめぐっては意見対立が目立つASEANですが、経済的分野では中国に対して統一的態度を維持しています。それは中国の圧倒的な経済支援協力政策があるからです。ただ、ASEAN諸国がアメリカとの安全保障やその他の連携を強化していることを中国は当然知っていますから、安全保障でASEANが統一的態度を取ることを防ぐために、例えば中国はフィリピンと海洋資源の共同開発に合意する一方、ベトナムの資源開発を妨害するなど、ベトナムとフィリピンを分断させてアメリカが介入しにくいような状況を作り出そうともしています。また、シンガポールが提案していた「一帯一路構想」関係諸国間の法的問題解決の枠組み作りに、中国は合意しました。ですので、中国としてはＡＳＥＡＮがまとまって中国と交渉するのではなく、なるべく中国とインドネシア、中国とフィリピンなどの二国間で個別に対応するような状況が望ましいと考えているのだと思います。ただ、その結果、ＡＳＥＡＮは個別バラバラになってしまい、ＡＳＥＡＮにアジア地域協力の中心的役割を期待することは難しくなっています。

天　児：その場合に、僕が具体的に例に挙げた、カンボジアとかミャンマーとラオス。ミャンマーはいま微妙ですけれども、こういった国が客観的に見れば、中国の経済力によって、パワーによってかなり切り崩されている。それらのことによって、ＡＳＥＡＮが一つのまとまりをつくり出していこうとする動きに対して、われわれが外から見ると、その動きを引き離すようなことが見られるんです。

その辺は、ＡＳＥＡＮの中では、小さい国だからやらせておいてもいいかなというような程度に抑えているのか、それともこれから本当にＡＳＥＡＮ共同体を強化していく上では、ここは何とかしないといけないと思っているのか。どうなんですか。

田　村：まず、二〇一五年に創設されたＡＳＥＡＮ共同体ですが、（１）政治・安全保障、（２）経済、（３）社会・文化――の三本柱から成り、ＡＳＥＡＮ共同体は、これら三つの共同体により「永続的な平和、安定および地域で共有された繁栄の目的のために相互に再強化を図る」ものとされています。三つの中で具体的な取り組みが最も進んでいるのが（２）経済共同体で、具体的な取り組みがあまり進んでいないのが、（３）社会・文化共同体です。

共同体実現にとって最も大きな課題が域内における経済格差の是正及びＡＳＥＡＮ連結性の強化ですが、これはほとんど解決していません。ＡＳＥＡＮ連結性とは、モノやヒトの流れの円滑化を促進することで、域内の経済的一体性を高めるためのイニシャティブのことです。そのため、さまざまなルールの調和や労働者の移動制限の緩和などが必要ですが、具体的な歩みは鈍いままです。国内の雇用と産業を守りたいとの思惑から、保護主義的な規制をあらたに導入しようとしている国さえあります。ＡＳＥＡＮ内の格差は深刻で、一人当たり国内総生産（ＧＤＰ）がアジアでトップのシンガポールから、世界でも最貧国のグループに属するミャンマーまで、経済の発展段階には大きな開きがあります。

そのため、ミャンマー、カンボジア、ラオスという貧しい国にとって、即効性のある中国の投資や援助はとても貴重です。また、中国は欧米とは異なって内政に干渉せず、投資と貿易というビジネスのみなので余計にありがたいのです。ミャンマーは中国と契約した大型プロジェクトを見直して「中国離れ」といわれましたが、欧米諸国がロヒンギャ問題でミャンマーを批判する中、中国がミャンマーを支持して影響力を再び強めつつあります。カンボジアとラオスにとって中国は最大の援助国・最大の投資国になりました。現在は天然資源で潤っているブルネイですが、天然資源依存から脱却するための中国は最も重要な経済と安全保障のパートナーになっています。

このような状況を見ると、これらの国々はＡＳＥＡＮから離れていくようにみえるのですが、ＡＳＥＡＮは分裂してしまうことはなく、なんとかまとまっていきたいと考えていると私は思っています。カンボジア、ラオス、ミャンマーやブルネイだけでなく、インドネシアやマレーシアなどにとっても、ＡＳＥＡＮ加盟国であるからこそＡＳＥＡＮ＋３やＡＳＥＡＮ拡大外相会議などの枠組みに参加できるし、域外大国と対等に話をして交渉することができます。ＥＵとも対等に話をしたりすることができるので、やはりＡＳＥＡＮから離れてしまうことは考えにくいと思います。もちろん、遠い将来のことは分かりませんけれども。

香港・台湾への欧州の対応

天　児：ありがとうございました。多分、伊藤さんの一帯一路の問題でまたＡＳＥＡＮが絡んでくるので、そこに田村さんに登場してもらうかもしれません。それじゃあ、林さん、お願いします。

林：天児先生、ありがとうございました。頂いた質問は大きく三つあったと思います。一つ目が香港や台湾について、ヨーロッパはどう見ているかということですが、これは、香港と台湾は切り分けて考えたほうがよいかと思います。

まず香港については、先ほど申し上げたとおり、ヨーロッパは規範というものを非常に重視しています。ですから、中国が一国二制度を遵守しておらず、香港の民主主義に対して圧力をかけることに対しては、重大な案件が発生した時には必ず反対や懸念の声明を発表しております。例えば二〇一九年の香港デモで多くの逮捕者を出した時や、香港特別行政府がきちんと民主化の要求に応えていない時などは、ＥＵやイギリスなどは香港や中国政府に対して、民主主義という規範を遵守すべきとの声明を発表しています。

その一方で、台湾問題に関しては、例えば台湾で民主主義的な選挙を行うことに対して、もしも一九九〇年代の第三次台湾海峡危機のように中国がミサイルを発射して介入するようなことがあれば、もちろんこれには反対をするだろうと思います。ただ、EUは台湾にどのように関与しているかというと、主に経済、観光、教育の三つの分野に限られています。すなわち、EUは台湾と政治的な関係を持つということまでは考えておらず、あくまで非政治的な分野が中心です。ですから、台湾で自由に総統選挙が行われ、中国が明確な形で圧力さえかけなければ、基本的には何も言ってこないと思います。EUがもしも台湾と、より政治的なところまでコミットするかというと、そこまでのモチベーションは持っていません。

米中対立が欧州にもたらす影響

林：二つ目は、米中対立はヨーロッパにどのように影響するかという点ですが、ヨーロッパにとっては、アメリカの方により親和性を見いだす場合もあれば、中国の方にむしろ親和性を見いだす場合もあります。

これはどういうことかというと、例えばトランプ政権が気候変動のパリ協定から離脱したり、イラン核合意から一方的に離脱することに対しては、EUは明確に反対の立場を取っています。アメリカがむしろ国際的な合意から一方的に離脱するという行為を取った場合は、EUと中国の間に協力する磁場が働いてくるわけです。同じように、二〇〇三年のイラク戦争のときもアメリカが、ある意味一方的な形でイラク戦争を始めました。それに対して中国やヨーロッパからはフランス、ドイツなどがアメリカに対して非常に批判的でした。そのような流れの中で、ヨーロッパ、特にフランス、ドイツと中国が接近をするという流れが生まれてきたわけです。その意味で、米中対立がむしろ中国とヨーロッパの協力を促進するということもあり得ます。

ただ他方で、もちろん米中対立の中で、ヨーロッパにとってはアメリカの方に親和性を感じることも大いにあります。例えば、先ほど佐橋先生がおっしゃっていた米中対立の中で、技術移転の強要に対して、アメリカが強く反発をするということはヨーロッパにとっても同様です。中国が一帯一路の枠組の中でヨーロッパの最先端技術を持つ企業を買収し、その企業が持っている高度な技術の中国への技術移転を強要してくることは、ヨーロッパにとっても嫌なんです。アメリカも同様の問題を抱えていて、中国に対して技術移転の強要をするなという圧力をトランプ政権はかけています。それに対して、中国も技術移転の強要はもうしませんという姿勢を見せています。こうした点に関しては、アメリカとヨーロッパは共通性があるため、米中対立がアメリカの方に親和性を感じる場合と、中国の方に親和性を感じる場合の二通りあり得るということが、ヨーロッパとしての回答です。

欧州が望む秩序とは

林：三つ目が、もしも覇権交代が起こりそうな中で、どのような秩序がヨーロッパにとっていいのかというご質問です。これはヨーロッパからすると、開放的でリベラルな国際秩序が最も望ましいといえるでしょう。

実は二日前に、私は別の研究会で、そこに外務省の外交官の方がいらして、その外務省の方が質問されたんです。何かというと、ＥＵ・中国関係が進展する中で、日本も当然ＥＵとの関係を強化したいと考えていますが、どのようにすれば、ＥＵは中国ではなくて日本を向いてくれるでしょうか、というご質問でした。これに対して私は何と答えたかというと、「それは中国と違って日本はＥＵと価値を共有しています。よくＥＵの中でいわれるのは、ＥＵはlike-minded countriesとのパートナーシップをより強化すべきだと。like-minded countriesというのは、要するに、より価値や理念や規範といったものを共有し得る国とのパートナーシップです。これを向上すべきだ」という文脈です。

中国と違って日本は、開かれたリベラルな国際秩序を推進することに関しては、ＥＵと明確に理念を共有しています。例えば今年九月、安倍首相はブリュッセルを訪問し、日本とＥＵは連結性（connectivity）に関するパートナーシップを締結しました。昨年ＥＵが連結性戦略を発表しましたが、その中で欧州とアジアの連結性を高める上で何が重要かというと、中国流の巨額なインフラ投資で鉄道や道路や橋を建設するという「ハードインフラ」を重視するのではなく、むしろそれがきちんとルールにのっとって、透明性や公平性などの規範を遵守して質の高いインフラ整備を行っているかという「ソフトインフラ」を重視しています。このように、ヨーロッパとアジア間で連結性を高める上で、日本とＥＵが中心になって、規範を遵守した上で進めましょうというパートナーシップが締結されました。これは中国の一帯一路の推進に対する日本とＥＵ側の牽制ということも言えると思います。その意味で、ヨーロッパからすると、覇権交代が起こりそうな中では、あくまで開かれたリベラルな国際秩序というものが基本にあるということです。

米中対立化で日本ができること

天　児：ありがとうございました。そうすると、日本とヨーロッパが連携しながら新しい秩序をつくり上げると。二二世紀ぐらいですかね。これも多分まだ、いろいろ興味のあるテーマなんですけれども、時間の関係もありますので、伊藤さんのほうに回したいと思います。

伊　藤：ご質問ありがとうございます。米中のいわゆる新冷戦と呼ばれる時代に、日本は果たして何ができるのか。先ほど橋渡し役という言葉が出てきて、実際、政策的にはrule-based bridge making、ルールに基づく橋渡し役というキーワードを霞が関は作りつつあるんです。それをやるかどうかということなんです。意味があるかどうかです。

一〇月五日の日経新聞に出たアンケート調査がありまして、私もアンケートの設計からお手伝いをしたんです。日本の日経新聞を読んでおられるようなビジネスマンに、いろんな米中に関わることを聞いたんです。

そのうちの一つの質問が、目下の米中摩擦、対立の中で日本は何をすべきか。選択肢が幾つかあるわけです。一つはもう明確にアメリカ側につきましょう。中国側につきましょう。どちらにもつかない。もう一つは、米中両国の対立の橋渡し役をすべきである。それから、橋渡し役は務まらない。幾つか選択肢があったんです。最大の回答だったのは、「日本は米中両国の橋渡し役は務まらない」が四割ぐらいなんです。これは非常に志が低いという言い方もできるかもしれないし、一方でとてもリアリティーがあるんです。この結果を見たときに、決してビジネスマンを批判する気には私はならなかった、非常に重みのある回答だったと思っています。

その上で、一昨日また別の研究会で慶應義塾大学の木村福成先生、貿易問題のプロなんですけれども、その方と議論をする機会がありました。木村先生が国際経済学者としてご提案されていたのは、ますますＷＴＯに代表されるような国際的な枠組みの重要性が低くなってしまうと。アメリカもＷＴＯを使わないし、中国もＷＴＯのルールを実質的に違反するような取り組みをする。報復という形で関税を上げるというのは駄目ですから。

この中で、日本というのは他のミドルパワーの国々、その中には恐らくＥＵも当然入ってくるし東南アジアも入ってくると思うんです。あるいはＴＰＰ11等の、既存の枠組み。ミドルパワー連合で少なくとも、貿易ルールと投資ルールの最低限のルールが毀損されないようなこと。場合によってはもう一歩踏み込んで、最近だとデジタル経済に関わるデータの国境から持ち出しに関わる規制をどうするかとかいろいろな議論があるんですけれども、そういう新しい問題も含めて、ミドルパワー連合で少しはルールを作れないだろうかということをご提案されていました。

ですので、いわゆるグレートパワーコンペティション、米中の二大国がぶつかる中で、ミドルパワーの国々で手を携えて何とかできないだろうかと。このご提案は私にはとても説得力もあるし、実行性もあるんではないかと思います。逆に、それ以上はできないわけです。最後に二大大国が、どちらかがやると決めたらやってしまう、対立が激化してしまうと思うんです。ただ、少なくともミドルパワー連合の中で、多少旗を振るという役割は実際日本には期待されているし、ある程度実行可能なんではないかなというふうに思っています。

一帯一路構想と世界システム

伊　藤：もう一つは一帯一路に関わる問題で、まさに天児先生がご指摘されたように、もともと日本がやっていたことではないかと。確かに一九七九年からＯＤＡ・政府開発援助が始まって、二〇一八年度で新規採択が終わったんです。合計三・六兆円ぐらいだと思いますけれども、中国にさまざまな援助をしてきました。まさに、このＯＤＡが終わるので、次に日中でどういうパートナー、協力関係ができるか。でも、絵がないんです。それを描かなければならないということは、事実あると思います。もう一つは、その一帯一路はさかのぼると、東南アジアにいろいろ設備を売ったりとか、何だか田中角栄さんがやろうとしていたことによく似ていると。

私は経済学者なりに見るとよく分かることで、高度成長期が終わったときに国内に大量の過剰生産能力がある。それは日本もそうだし、韓国もそうだし、中国もそうだったんです。二桁成長が終わった次の一〇年に、その生産能力をどうするかの問題というのはあって、そういう観点からすると、自然と似てくる。ただ、一四億人の大国の高度成長が終わった後に、次のその能力をどう使うかというのは非常にインパクトが大きかった。それがまさに一帯一路に対するポジティブであり、ネガティブなインパクトという形で整理できるんではないかなと思っています。

最後に、むしろ毛里先生と天児先生にお伺いしたいのですが、先ほど毛沢東の第三世界論という言葉が出てきて、ご専門の先生がいるなと思いながら聞いていました。私なりに、先ほどの毛里先生のスライド四枚目に「当代中国外交をめぐる主な〝問い〟」というのがあって、国際情勢認識に関して四つのレベルに分けているんです。一番下の第四レベルが「格局」、二国間の政局に近いんですかね。そしてシステム、時代。最後の第一レベルは世界システムなわけです。

毛沢東が提案していた第三世界論。南と南、途上国と途上国が手を携えて世界を変えていく。これは、ある意味で世界システムという一番上のレベルの議論だと思うんです。

それでは、果たして毛沢東さんが言っていた世界システム論と鄧小平が言ったもの、そして習近平さんがいま言っていることというのは、どういう連続性と不連続があるのか。私はむしろ分からないので、ぜひご教授いただければなと思います。

一点だけ言えるのは、かつての南南協力と今日中国が途上国と結ぶ関係は、まったく違う内容になります。かつて毛沢東の時代に、中国がアフリカ、エチオピアで例えば鉄道を造る。それは本当に血を流しながら、レベルの低い技術でやっていた。まさに途上国が途上国を助けようとしていた。いまの実質は、ファーウェイに代表されるような、実質的には先進国企業以上のハイテク企業が中国の中に生まれて、彼らがアフリカに進出して協力する。実質的には新しい南北協力なわけで、この場合北は中国です。先進国としての中国が、途上国アフリカと協力するというのが、現実に起きていることではないかと思うんです。ですので、単純に南南協力と北京は言うんだけれども、ふたを開けてみると、どう見ても先進国と途上国の関係ではないかなというふうな、実質はそうなんですけれども。世界観はもしかしたら連続しているのかもしれないなと思います。申し訳ありません、ちょっと無理やりな質問で。ひとまず以上です。

毛　里：今の、例えばリビアに対する中国の国営企業のやり方とか政権のやり方とかを見ていると、アメリカとは違う新帝国主義だと思います。グローバル化時代の帝国主義ですから、中国が何を言おうと、つまり彼らは言葉の国なのでいろいろ言い回しがうまいですが、中国研究をやる場合には頭は切り替えないと駄目で、中国の言辞を信じてしまうと必ず落とし穴に陥ります。

南と南の協力だというのは、恐らく六〇年代のごくわずかな時代だったと思います。その時代は、ロマンチシズムがあった。毛がいたからというのと、それから世界がそうだったから。やはり世界情勢が全然違うと思うんです。八〇年代の後半からのグローバリズムの中での世界と六〇年代の南と北の世界が敵対したあの時代とは、それこそ世界システムが全然違う。毛沢東はその世界システムで彼なりのもの、いわゆる第三世界論というものを出したんでしょう。

ですから、そういう意味では、毛と鄧と習の連続性というのは、原因、言葉、ディスコースでは非常に同じです。かつ、習近平の頭の中では多分同じなんだと思うんです。でも習は、いま現在の国際政治の非常に大きな激変、つまり一九五〇年代六〇年代と二〇一〇年代のこの五〇年間の違いということを多分理解できていない。昔の言葉でもって頭に入っているというところがあって、そういう意味で観念の連続性はあるでしょうけれども、実質は連続性を欠いている。違うものである。鄧の時代も違うと思う。というふうに思います。

天　児：いまの毛里先生の話というのが、基本的にそのとおりだと思うんです。ある人の文献を読むと、この三つの世界論も結局あのころは階級闘争、世界の階級闘争を毛が語った。しかし、文化大革命もそうだったわけだけれども、実際の毛沢東の分析の仕方は、全然そうではない。非常に伝統的な中国の思考を踏まえた解釈で、結局その伝統的な思考というのは、関係とネットワーク。それからヂュァンズ（圏子）、この圏（サークル）の発想がまさに第三世界論をつくり出したんだという指摘があるんです。

それで、その同心円がどんどん広がっていくというような状況なんですけれども。その中心に中国がいる。毛沢東はどんなに貧しかろうと何だろうと、俺が中心だというところの意味での中心論をこの第三世界論は展開した。それと同じように、習近平もいまやそれを目指して、その中心になろうとしているということが言える。私はそういう意味で、最近、主導権圏、主導権・イニシアチズムということが中国の一番のこだわりではないかと。価値観が違うとか、よくいろんなことを言う人が多いわけだけれども、中国の価値観と他の国の価値観は何が違うのかといったときに、実は曖昧なんです。社会主義と民主主義の価値観が違うとかいうようなことを一般的に言っても、そうではなくて一番大事なのは、俺がイニシアチブを握るという、このイニシアチブへのこだわりというのが、中国のリーダーは非常に強いです。中国のリーダーは、自分がイニシアチブを握ればあとはみんな何をやってもいいやというような、つまり華夷秩序の発想です。

華夷秩序というのは、中華の「華」があって、それで「夷狄（いてき）」が周辺にあって。別に強い拘束力は、西側がつくり出した全体主義のような非常に強い拘束力はないけれども、自分が上に立って、そして下からそれなりに崇められて、そして影響力を発揮している状態をつくればそれでいいという。多分、習近平はそういうことを考えているんではないかなというふうに、私には思えてしょうがないです。

ところで、伊藤さんのミドルパワーが連携するというのは結局、新しい秩序にはならないのではないかという話だったと思うんですけれども。つまりミドルパワーを中心とした新秩序というのはできないと。

伊　藤：いま実行可能な選択肢の中で、ミドルパワー連合をやるぐらいしか、できることはない。それ以上はない。

天　児：それで思うんだけれども、われわれは、世界は非常にいま流動的だというふうに想定しておかないといかんと思うんです。大国が固定的に二つ存在して、その周辺にあるミドルパワーも、それはミドルパワーで固定しているというのではなくて、例えばトランプ政権がもし代わったとしたら、多国枠、マルチラテラルなフレームワークにアメリカが戻るかもしれない。

あるいは中国が、いまの習近平政権の行き詰まりが、中国の対外外交姿勢というものをもしかしたら変えるかもしれない。習近平自身が、いまの習近平と例えば二年前の習近平と比較すれば、明らかに習近平はいま国際的な協調路線を選択しようとしているというのが言えると思うんです。

だから、われわれは物事をあまり固定して考えるというのも、間違いの可能性があるので。その辺で、例えばアメリカは多国間主義に戻る可能性があって、そのことが国際社会に新しい協調のフレームワークをつくるかもしれないというような議論は暴論ですか。

佐　橋：民主党になれば可能性はあります。トランプがあと四年やったら、何も使わないと思います。ＷＴＯも使わないし、パリ条約も使わない。多国間主義というのは、トランプ政権の中で手段としての役割を果たしていません。国際法も同様です。

天　児：いま出てきているいろんな問題をますます深刻化していくということになるんじゃないですか。

佐　橋：だと思います。

天　児：そうなるとアメリカは、それでもトランプを支持するんですか。

佐　橋：外交は基本的には争点ではないので、やむを得ないことなんだと思います。

天　児：ということで、ちょうど時間になりましたので、議論を終わらせていただきます。どうもありがとうございました。

歴史をどう学ぶか？

毛里　和子

大変お疲れのところ、本当に皆さんよくお付き合い下さいました。私も大変勉強することになりました。それで、四点、まとめを行います。

第一番目が、私は二〇一二年に、林さんの発表した中東欧諸国16＋1というのを初めて聞いたんです。びっくりして、これはどこかで聞いたことがあるなと思ったら、上海協力機構（SCO）なんです。まるっきり同じ、中国イニシアチブです。

中国はその地域の経済秩序を握りました。つまり、一帯一路の基礎になっているのがSCOですから、一定程度の基礎をつくったわけです。しかしSCOというのは、非常に不透明で、一抹の不信を抱いています。国際組織としては、もっとデータを出すべきだと思う。

でも中国はあの地域について、ソ連からロシアに交代して一種の覇権を、それこそイニシアチブを構築できたという意味では、ユーラシアでも同じことをやろうとしているんだなということを考えました。中国外交は、極めて世界的に展開されているようです。つまり人材はすごく多いわけです。一四億人もいますし、国際政治をやる人は日本の一〇倍以上いる。お金もたくさんあるとなると、研究は非常に充実しています。彼らはパワーとお金の力でもって、いろんな地域のことについて勉強して、他の地域と比較しながら地域圏を構築しようとしています。ですから、できたら中国外交を見るときには世界の視野に立って、時々彼らと同じ目で見ないといけません。全部それでやると失敗しますから、時々。そう思います。それが第一点です。

第二点は米中関係について。私は最近中国外交の本を出したんですが、その基本的なトーンは、多分ここにいらっしゃる皆さん方とはだいぶ違うかもしれません。米中関係について、新冷戦論を批判しているんです。新冷戦という状態はいまの米中関係では多分起こらないだろう。米中間には、日中関係と違って一定のルールと一定のネットワークと一定の人的な関係ができているので、そういう意味ではしっかりした基礎があると私は思っています。これはブッシュとクリントンとそれからオバマの時代につくられたもの。確かにトランプ政権は危くておかしいですけれども、その基礎になっているネットワークはいまも機能していると思います。

ですから、米中関係は、そんなリーダーの一人によって、すぐに大変動するということは多分ない。やはり一定の安定度というのは保つんではないかと思います。一定のネットワークができており、一種の相互依存関係が保証されているのではないだろうかというのが、私の見方で、こういうふうに見る人は少数です。ですから、ノートにしないほうがいいと思うんですが。でも、時々米中関係が危ないというのは、どこかが何かやるためにするフェイクだというふうな感じさえもちます。それが米中関係です。

それから第三番目の覇権交代という問題です。つまりパラダイム・シフトが国際政治で起こっている。どういう変化かというと、これは権力を持っていた覇権者が落っこちて、新しい中国のようなニューパワーが生じてくるということだけではないように思います。

一九四五年に第二次世界大戦が終わったとき、アメリカの力はかなり上にいました。アメリカのヘゲモニー、イニシアチブでかなりの世界秩序を構築しました。世界銀行とか、国連とか。それでわれわれがこの間平和でいられたのは、一九四〇年代にできた新しい秩序――アメリカ絡みの秩序、それにヨーロッパが協力し、日本もある程度協力しました。そういうことによってできた秩序――のおかげとも言えます。

ところが、二一世紀に入って、それが全部揺らぎました。WTOもそうだし、ドルの世界もそうだし、それから核兵器拡散の問題についてもです。ところが、新しい体制をつくろうとするところが出てこないのです。これについて中国はまだ未熟で未知数です。アメリカは落ち目です。いまや新秩序をつくらなければいけない、あるいは新ルールを作らなければならないというところで、それができる能力のあるところがまだ出てこない。それをわれわれは待たなければいけない。

先ほど若い伊藤さんが、ミドルパワーの連合によって少しでもその間をつないでいくというようなことをおっしゃいましたが、恐らくそういうミドルパワー、例えばヨーロッパがそういう役割を果たす。アジアにおいては日本とASEANが協力する、あるいは日本とインドでもいいですが。中国でもいいですけれども。

要するに、そういう形で、ミドルのパワーによる秩序づくりの一つ一つを構築していくということが多分必要じゃなかろうかという意味では、一九四五年体制が崩壊に向かっている中での仕事ですから、やはり相当大変だと思います。皆さまには、それを見る時間があるでしょう。私はもう全然見る時間がないですが。要するに伊藤さんをはじめそこにいらっしゃる四人の方に全部お任せいたしますので、どうぞよろしくお願いいたします。

最後、第四番目です。これは学習という問題なんです。

つまりわれわれは、冷戦という大きな悲劇を経てきました。冷戦とベトナム戦争です。二〇世紀の後半というのは、冷戦と戦争です。必ずしも冷戦で戦争がなかったわけではない。そういう中で、しなくてもよかった戦争がいっぱいあったように思います。

アメリカの世界戦略に間違いはなかったのでしょうか。例えばイラク戦争はどうだったんだろう。それから朝鮮戦争をそもそもやる必要があったのか。実はなかった。要するに読み間違ったのだという。冷戦というのは確かにあったんですが、多くが間違いの上につくられた。非常に多くの人々が亡くなった。これを若い学生たちに勉強してほしいと思います。それで歴史の過ちを繰り返さないというのが最低限必要です。

まだ新しい知恵や構想が出てこないんですから。冷戦というのは何だったんだろう。朝鮮でどうしていまだこんな状態なんだろう。何であんな拉致なんていう不条理なことに人が苦しむ、横田早紀江さんが苦しまなくちゃならないんだろうと思います。

そういうことで、この一九四五年以降の冷戦の歴史でわれわれがこういう政策——特にアメリカですよね。それからソ連。そして日本はある程度かんでいると思いますが——を取ってきました。歴史の教訓の学習というものが、未来を語る場合に非常に大事になってくる。それしか人間の知恵というのはないのかもしれない、というふうに言いきかせながら今日の会合を締めたいと思います。

皆さま、ずっと座って静かに聴いて下さって本当に感謝いたします。ありがとうございました。

【追記】

本シンポジウム終了後、間もなくして中国武漢において新型コロナが発症し、わずか一カ月余りであっという間に世界に広がっていった。発症国・中国は早期に徹底した封じ込め対策によって二〇年春には沈静化することができた。他方、やや遅れながら米国はコロナパンデミック最大の被災国となったが、米大統領選挙で勝利をした民主党のジョー・バイデンが二〇二一年一月に大統領に就任後、コロナワクチン接種を促進させ沈静化に向かいつつある。一方、米中の対決はトランプ政権時代とは変わらず一段と熾烈さを増してきている。まさに二一年八月時点の状況を加味するならば、各報告者は本シンポジウムの議論の内容を若干修正する必要を感じているかもしれない。国際情勢はそれほどまでに皮膚感覚で感じられるほどの変動期に入っていると言えるだろう。しかし、本議論を通してみたとき、ここで議論されている各報告者の内容はかなり普遍的な質を持った高いレベルの読むべき価値のあるものであることを痛感した。この点を最後にお断りしておきたい。

（文責：天児慧）

本書は二〇一九年十二月一日、福岡市で開催された「令和元年度福岡ユネスコ・アジア文化講演会」（福岡ユネスコ協会主催、福岡市教育委員会共催、福岡アジア文化賞委員会協力）をもとに一部補筆したものです。出版化をご承諾いただきました毛里和子さんをはじめ六人の筆者の方々に厚く感謝申し上げます。

（一般財団法人 福岡ユネスコ協会）

【執筆者紹介】

毛里和子（もうり・かずこ）
一九四〇年、東京都生まれ。早稲田大学名誉教授、第21回福岡アジア文化賞学術研究賞受賞者
東京都立大学人文科学研究科修了（歴史学）。主な著書：『現代中国　内政と外交』（二〇二一）『現代中国外交』（二〇一八）『中国政治―習近平時代を読み解く』（二〇一六）『現代中国政治―グローバル・パワーの肖像』（二〇一二）『日中関係―戦後から新時代へ』（二〇〇六）『現代中国の構造変動⑴大国中国への視座』（編著、二〇〇〇）他

天児　慧（あまこ・さとし）
一九四七年、岡山県生まれ。早稲田大学名誉教授
一橋大学大学院社会学研究科博士課程満期修了。主な著書：『中国政治の社会態制』（二〇一八）『日中対立―習近平の中国をよむ』（二〇一三）『中華人民共和国史　新版』（二〇一三）『現代中国―移行期の政治社会』（一九九八）『彷徨する中国』（一九八九）他

伊藤亜聖（いとう・あせい）
一九八四年、東京都生まれ。東京大学社会科学研究所准教授
慶應義塾大学経済学研究科博士課程修了。主な著書：『デジタル化する新興国』（二〇二〇）『現代アジア経済論―「アジアの世紀」を学ぶ』（共著、二〇一八）『現代中国の産業集積―「世界の工場」とボトムアップ型経済発展―』（二〇一五）

佐橋　亮（さはし・りょう）
一九七八年、東京都生まれ。東京大学東洋文化研究所准教授
東京大学大学院法学政治学研究科博士課程修了。主な著書：『米中対立　アメリカの戦略転換と分断される世界』（二〇二一）『共存の模索　アメリカと「二つの中国」の冷戦史』（二〇一五）『アジア太平洋の安全保障アーキテクチャ　地域安全保障の三層構造』（共著、二〇一一）他

田村慶子（たむら・けいこ）
北九州市立大学法学部教授
九州大学大学院博士課程修了。主な著書：『シンガポールの基礎知識』（二〇一六）『多民族国家シンガポールの政治と言語：「消滅」した南洋大学の25年』（二〇一三）『東南アジア現代政治入門』（共編著、二〇一一）他

林　大輔（はやし・だいすけ）
一九七五年生まれ。武蔵野学院大学国際コミュニケーション学部准教授
慶應義塾大学大学院法学研究科政治学専攻博士課程修了。主な著書：『東アジアの中の日本と中国　規範・外交・地域秩序』（共著、二〇一六）『戦後アジア・ヨーロッパ関係史　冷戦・脱植民地化・地域主義』（共著、二〇一五）他

FUKUOKA *u* ブックレット㉒

中国はどこへ向かうのか

——国際関係から読み解く

二〇二一年一〇月一五日 発行

編著者 毛里和子

発行者 小野静男
発行所 株式会社 弦書房
(〒810・0041)
福岡市中央区大名二-二-四三
ELK大名ビル三〇一
電　話 〇九二・七二六・九八八五
FAX 〇九二・七二六・九八八六

装丁・毛利一枝
印刷・製本 有限会社青雲印刷

ISBN 978-4-86329-235-2 C0036

「FUKUOKA *U* ブックレット」の発刊にあたって

「転換期」ということばが登場して、もうどれくらい経つでしょうか。しかし、「近代」は暮れなずみながら、なお影を長く伸ばし、来るべき新たな時代の姿は依然として定かではありません。

そんな時代に、ここ福岡の地から小冊子「FUKUOKA U ブックレット」を刊行します。

福岡は古くから「文化の十字路」でした。アジア大陸に最も近く、また環東シナ海の要石の位置にあって、さまざまな文化を受け入れる窓口として大きな役割を果たしてきました。近代になっても、アジアとの活発な交流は続き、日本の中で最もアジア的なにおいを宿した都市として知られています。今日ここでは、海陸の風を受けながら、学術や芸術に関わる多彩な活動が繰り広げられていますが、しかしメディアの一極集中のせいで、それは多くの人の耳や目に届いているとは言えません。

「FUKUOKA U ブックレット」は、ユネスコ憲章の「文化の広い普及と正義・自由・平和のための人類の教育とは、人間の尊厳に欠くことのできないものである」という理念に共鳴し、一九四八年以来、旺盛な活動を続けている福岡ユネスコ（Unesco）協会の講演会やシンポジウムを中心に、福岡におけるビビッドな文化活動の一端を紹介しようとするものです。

海（Umi）に開かれた地から発信されるこのシリーズが、普遍的（Universal）な文化の理解（Understanding）に役立つことを願ってやみません。

（二〇一二年七月）